경제는 모르지만
미국 주식은 하고 싶어

경제는 모르지만 **미국 주식**은 하고 싶어

김인오 지음

매일경제신문사

1인 가구 가장의 미국 주식 투자기

"책을 쓰지 않겠느냐"는 제안을 받았을 때 조금 망설였습니다. 직업이 기자이다 보니 글 쓰는 일로 밥벌이를 하고 있고, 또 많은 사람들이 자기 이름 걸고 책 쓰는 세상이니까 부담 없이 분량만 채우면 되는데 말이에요.

저는 유튜브로 이름을 알리고 강의하는 재테크 인플루언서의 삶과는 거리가 먼, 평범한 월급쟁이 투자자입니다. 단순하고 조용한 삶을 꿈꾸다 보니 미국 주식 투자를 시작하게 되었어요. 온라인 세상을 보면 20~40대 젊은 나이에 '수십 억 자산가'라든지 주식·코인·부동산으로 소위 대박이 나서 경제적 자유를 이룬 사람들을 심심치 않게 찾아볼 수 있습니다. 국내외 증권사 출신 유튜버들이 전문적인 지식으로 활용해 경제와 재테크를 가르쳐주기도 합니다.

그런데 한편으로는 주변을 둘러보면 흔히 볼 수 있는 저 같은 일반인 투자자들의 평범한 이야기를 차곡차곡 쌓아가는 것도 의미가 있겠다는 생각이 들었습니다.

세상에는 저마다 서로 다른 성공담이 있다고 해요. 어떤 유명한 유튜버가 이런 말을 하더라고요. "재테크를 모를 때는 정말 대단한 펀드 매니저, 슈퍼 개미 분들 말을 듣고 주식을 사면 돈을 벌 거라 생각했어요. 4~5년 동안 그 분들 이야기를 듣고 투자를 해봤지만 실제로 돈을 번 것은 오히려 거기서 얻은 나만의 원칙과 기준을 따랐을 때였습니다."

결과적으로는 이 말을 하고 싶어서 책을 쓰게 됐습니다. 지인들이 "그래서 무슨 종목 사면 되니? 공부하기 귀찮으니 종목을 콕 찍어줘!"라고 할 때마다 선뜻 특정 종목을 말할 수가 없어서 머뭇거리다가 대화가 어색하게 끝난 적이 많았어요.

미국 주식으로 부자 되고 싶으면 요즘 뜨는 이 업종, 이 기업에 투자하라는 말을 저는 할 수가 없습니다. 아무리 좋은 주식도 매수·매도 타이밍이 잘 맞아야 돈을 벌 수 있는데 그런 걸 옆에서 하나하나 알려줄 자신이 없거든요. 게다가 각자가 처한 상황이나 투자의 목적, 그리고 성향이 서로 다르다 보니 어느 경우에나 만능으로 통하는 답은 없더라고요(그러니 미국 주식이 아니더라도 주식이나 코인, 부동산에 적은 돈을 투자해 큰 돈 벌 수 있다고 누군가 말한다면 피해 가세요!).

도서관과 서점에 꽂힌 수많은 미국 주식 투자 관련 책 중에서 이 책의 강점을 꼽는다면 바로 '진정성'입니다. 아직 결혼하지 않은 1인 가구 가장이자 회사원이 미국 주식을 활용해 소득 파이프라인을 늘려가면서 배우고 느낀 점을 정리했기 때문입니다.

이 책은 저처럼 한국 사회에서 중간 정도 가는 평범한 직장인이 작고 소중한 시드 머니(종잣돈)로 미국 주식에 투자해 돈 버는 일에 대해서 씁니다. 안타깝게도 '미국 주식으로 100억 부자 되기'라든지 '미국 배당주로 월 천 벌기' 같은 건 다루지 않습니다. 이 정도 성과를 내려면 애초에 시드 머니가 큰돈이어야 하거든요.

우리 사회에서 20~40대 회사원 월급은 대부분 세후 200~500만 원 범위에 걸친 경우가 많습니다. 게다가 이 나이 대에는 아직 1억 원 모으지도 못했는데 결혼 혹은 내 집 장만, 이사, 퇴사 후 다른 인생 찾기 등등 인생의 중요한 변수들이 툭툭 튀어나와 목돈을 요구하죠. 멀쩡히 됐던 주식 계좌를 헐어서 돈을 마련해야 할 판입니다. 그러니 미국 주식에만 모든 돈을 부을 수도 없는 노릇이에요.

하지만 앞날을 내다보며 재테크도 해야 합니다. 국민연금이란 녀석은 만 60세까지 납부하고 만 65세부터 돈을 탈 수 있다고 하죠. 우리가 그 중간 어느 시점에선가 퇴사하게 될 수도 있는데, 퇴사한다고 바로 국민연금이 나오지도 않으니 어떻게 해야 할까요? 게다가 국민연금은 재원 고갈 이야기가 나오니 각자 노후 혹은 노후까지는 아니더라도 퇴사 후 인생을 위해 돈을 굴려야 합니다.

그래서 우리가 재테크의 세계에 뛰어들게 되는데, 부동산 투자뿐 아니라 미국 주식 투자도 타이밍이 중요합니다. 그런데 주식시장이란 건 예측 불가능한 것으로 유명하고 주식은 대표적인 '위험 자산'입니다. 이 책의 많은 부분은 이런 불확실성을 받아들이면서 "어떻게 하면 내 상황에 맞는 미국 주식을 고를까?", "내가 고른 이 주식은 매매 타이밍을 어떻게 잡아야 수익을 낼 수 있을까?"와 같은 현실적인 고민을 담았습니다.

미국 주식에 투자한 지 6년이 지나갑니다. "난 궤도 이탈자야"라고 울면서 주택청약저축과 연금보험 해지한 돈으로 테슬라 주식을 사던 2019년이 떠오르네요. 누구나에게 있을 법한 너무나 불안하고 낭패감으로 가득 찼던 때, 그리고 흑역사를 떠올리며 투자 이야기를 시작합니다. 이 책은 너무 무겁지 않은 마음으로 지속 가능한 투자를 하고 싶은, 저와 비슷한 친구들에게 도움이 됐으면 좋겠습니다.

김인오

PART 1

'주식 공부' 압박에서 벗어나기

'공부하세요'가 만든 투자 진입장벽

요즘은 재테크가 대화 주제로 나오면 거의 모두가 '미국 주식 하라'고 말하는 것 같습니다. 그래서 미국 주식 관련 콘텐츠를 찾아보면 재테크 혹은 투자 인플루언서(핀플루언서)들이 "여러분 공부하셔야 돼요"라고 압박감을 주기도 하고요. 여기에 유창한 영어까지 구사하는 모습을 보여주기도 하니 자격지심이 들기도 합니다. 우리는 왜 대학을 졸업해서도, 회사에 가서도, 또 퇴사를 해서도 '공부해야 한다'는 말을 끊임없이 들어야 하는 걸까요?

핀플루언서에게 공부하라고 혼나는 우리들

주식 투자를 할 때는 '공부해야 한다'는 진입 장벽에 부딪혀 나가 떨어지면 안 됩니다. 미국 주식 투자이든 부동산 투자이든 예·적금이든 재테크는 우리의 일상일 뿐이니까요.

조금 오래 된 힙합이지만 '삶은 계속된다(Life goes on)'는 미국의 래퍼 투팍2PAC의 노래 제목처럼 재테크도 꾸역꾸역 계속되어야 합니다. 미국 주식에 투자하기 위해 따로 시간 들여서 투자 인플루언서(핀플루언서)의 콘텐츠를 보고 또 보고, 수능시험 준비하듯 공부하는 작업이 과연 지속가능한 일일까요?

핀플루언서가 '주식 공부'를 강조할 때는 애써 자신들을 차별화하며 진입장벽을 만들어내고 싶은 그들의 마음이 은연중에 담긴 게 아닐까요? 많은 핀플루언서들은 "제대로 된 투자는 나 같은 소수가 하는 것이고 너희들도 좀 배워라"라는 말을 에둘러 하고서는 자신이 만든 미국 주식 영상 콘텐츠나 책, 혹은 각종 투자 정보·교육 서비스를 판매합니다. 이런 패턴을 몇 년간 지켜보니 역시나 '내 앞 길은 내가 가는 것이 맞다'는 생각이 듭니다. 가다가 넘어질 수도 있지만 결국은 자기만의 기준이나 원칙을 찾아서 그걸 따라가는 거죠.

조금 더 냉정하게 생각해보면 우리가 매일, 그리고 평생 '미라클 모닝·운동·공부'하는 이른바 갓생(신을 뜻하는 영어단어 '갓God'과 인생을 뜻하는 '생'이 합쳐져 남들에게 모범적이고 부지런한 삶을 뜻하는 신조어)을 살 수가 없습니다. 우리에게는 본업이 따로 있는데 미국 증시가 어떤 제도와 시스템에 따라 운영되는지, 특정 종목의 공정 주가는 어떻게 산정하는지, 기업들의 구체적인 재무제표가 어떻게 되는지, 50일선·200일선 이동평균선(주가나 매매 대금, 매매량 따위의 과거 평균 수준과 현재를 비교하여 장래의 움직임을 미리 알아보는 데 쓰는 주식 시세의 예측 지표)이 어떻게 달라지는지, 지금 이 종목 주가가 골든크로스(주가 단기 이동 평균선이 장기 이동 평균선을 뚫고 올라가는 상황을 이르는 말로 해당 종목 주가가 추세적으로 봤을 때 반등할 수도 있다는 시그널) 혹은 반대로 데드크로스 구간에 진입했는지에 대해 하나하나 공부할 시간이 있을까요?

이건 '게으름과 부지런함' 같은 문제는 아닌 것 같아요. 우리의 일상은 평범할 뿐이지 매일매일이 만만치 않은 하루예요. 자영업자이든 월급쟁이이든 프리랜서이든 취업 준비생이든 하루의 많은 시간을 무언가 하고 있고, 그 본업이 끝난 후에는 또 다른 삶이 기다립니다. 밥도 챙겨먹어야 하고요. 다음 날을 위해 빨래를 돌리거나 내일 먹을 것들을 준비해야 합니다. 클라이밍이나 요가, 러닝 등등 운동할 시간도 필요합니다. 외국어를 배우기도 하고요. 어떤 날은 아파서 병원이라도 가봐야 하고 또 어떤 날은 너무 지치는 바람에 집에 들어가자마자 방전 모드로 늘어져 있을 나 혼자만의 시간이 필요하죠. 아이를 키우는 사람도 있습니다.

이런 일상을 충실하게 살아가느라 주식 공부할 시간이 없는 것을 핑계라고 할 수 있을까요? 그저 우리가 살아가는 모습일 뿐입니다. 현실에서 스스로를 돌보는 일 하나하나가 소중하잖아요. 우리가 금융업계 종사자가 아닌 한 각자의 삶을 꾸려야하기 때문에 자격증 시험 준비 하듯 미국 주식을 공부할 여유가 많지 않습니다. 그러니까 "주식 공부해야 한다"는 타인이 만든 진입장벽에 너무 큰 부담이나 압박감을 가지지 않았으면 해요.

영어 몰라도 미국 주식 할 수 있을까요?

누군가가 "여러분, 영어 잘해야 돼요. 지금 제가 영어하는 것 보여드릴게요" 하면서 영어 실력을 뽐낸다고 해도 주눅 들 필요는 없어요. 영어 몰라도 미국 주식으로 수익 내는 사람들은 이미 우리 주변에 많습니다.

왜냐하면 S&P 500 지수나 나스닥 100 지수 추종 ETF만 차곡차곡 사서 계좌에 담아 둬도 미국 증시에서 크게 뒤처지지 않고 분위기를 따라갈 수 있으니까요. 이런 건 굳이 주변에서 사례를 찾지 않아도 지수나 ETF 흐름을 보면 알 수가 있습니다. 물론 상승장일 때의 이야기입니다. 하락장에서는 덩달아 손실을 볼 수 있다는 점도 염두에 둘 필요가 있어요.

아무튼 미국 주식이 워낙 인기라서 우리나라에도 미국 증시 관련 뉴스가 많습니다. 게다가 직접 외신 뉴스를 보고 싶은 경우에는 외국어 번역 서비스를 활용하면 되니 사실은 영어를 잘하지 못해도 미국 주식은 할 수 있습니다. "나는 알파벳 알레르기가 있다"하는 분이 계시다면, 한국 자산운용사가 출시한 미국 주식 투자 ETF를 매매하는 것도 방법입니다.

하지만 내가 단순히 '지수 추종 투자' 하는 것을 넘어 조금 더 적극적인 투자자가 되고 싶다면 미국 증시에서 자주 쓰이는 용어나 주요 증시 이벤트는 뭐가 있는지 알고 또 익숙해질 필요가 있습니다. 영어 회화와 작문을 수준급으로 잘해야 한다는 의미가 아니고요. 또 금융

지식을 전문적으로 쌓아야 한다는 것도 아닙니다.

우리가 꼭 미국 주식이 아니라 한국 주식에 투자할 때도 툭툭 튀어나오는 시장 용어라든지 이벤트가 있잖아요. 여의도 증권가에서도 영어 단어 그대로 콘센서스consensus, 어닝 비트earning beat, 가이던스guidance 같은 말을 쓰기도 하고요. 또 우리가 평소 현실 생활에서는 쓰지 않는 채권 수익률, 배당 수익률 같은 단어가 있습니다.

미국 주식도 현지에서 쓰는 주식 관련 단어라든지 증시 주요 일정에는 조금 익숙해질 필요가 있습니다. 다만 처음부터 모든 걸 알려고 노력하다가는 결국 투자를 시작조차 못할 수도 있으니 영어를 잘해야 한다든지 경제 공부를 해야 한다는 식의 압박감에 휩싸이지 마세요.

뉴스를 볼 때 자주 등장하는 단어들은 우리가 관심을 가지고 때마다 찾아보면 됩니다. 관심을 가지고 있는 이상 어쩔 수 없이 그 용어는 익숙해집니다. 자, 그러면 부담스러운 마음을 조금 내려 두고 미국 주식 투자의 세계로 들어가 볼까요?

'투자는 실전'
일단 1주라도 매수해보기

투자는 철저히 현실이자 실전일 뿐입니다. 미국 주식 어떤 종목을 사둘지, 또 언제 사서 팔면 좋을지는 공부가 해결해주지 않더라고요. 핀플루언서의 콘텐츠도 보고 들을 때는 유용한데 막상 기억에 남는 게 없을 때가 많습니다. 책을 사서 줄긋고 읽는 시간이 늘어난다고 해서 그만큼 내 계좌의 수익률이 비례해서 오르는 것도 아니고요. 게다가 우리 모두 각자 '얼마를 투자해서 최소 이 정도는 벌었으면…' 하는 내 마음 속 기준 수익률도 각자 다릅니다. 더 중요한 건, 내가 뭘 원하는지 모르는 경우가 많다는 점이에요.

'많이 벌면 벌수록 좋지, 다다익선이야' 라는 생각으로 공부해봐야 실전에서는 언제 사서 어떻게 익절 혹은 손절을 해야 할지 답이 서질 않아요. 지금 우리에게 공부보다 더 중요한 건 '내가 무엇을 원하는지' 찾아가는 작업입니다. 이런 건 누가 대신 정해줄 수 없어요.

내 종목을 왜 핀플루언서가 정해주죠?

인생은 실전이라고 하잖아요. 투자도 인생처럼 현실에서 엎어지고 깨져야 작든 크든 감이 생기더라고요. 주식 공부는 우리가 겪을 시행착오를 줄여주는 역할을 할 뿐입니다. 미국 주식 투자로 재테크하기로 마음먹었다면, '선 공부, 후 투자'보다는 '선 투자, 후 공부'를 선택하는 것도 좋은 방법입니다. 미국 주식 투자한다면서 그날부터 공부하겠다고 유튜브 찾아보거나 추천 도서 검색하시지 말고, 미국 주식을 1주 직접 사보세요.

처음부터 바로 미국 주식을 사는 것이 부담스럽다면 한국 자산운용사들이 국내증시에 출시한 미국 투자 상장지수펀드ETF도 인기입니다. 다만 미국 주식을 하나 직접 사보자고 하는 이유는, 미국 증시에서 스스로 종목을 고르고 매수해봐야 원·달러 환율 변화도 체감해볼 수 있고요. 또 그 기업과 미국 증시에 대해 '실전에 적합한' 관심을 가질 수 있는 계기가 만들어져서 그렇습니다.

"아무 것도 모르는데 그러면 어떤 주식을 사야 할까요?" 공부보다 매수가 먼저라고 해서 온라인 커뮤니티에 오르내리는 '밈 주식(SNS에서 인기를 끄는 급등주)'을 사라는 건 아닙니다. 내가 미국 증시에 대해 잘 모른다면 시가총액 1위인 기업 주식, 그리고 대표 주가지수인 스탠더드앤드푸어스S&P 500 지수를 따르는 ETF를 하나씩 사보세요. 물론 무조건 딱 1주만 매수해야 되는 건 아니지만, 한꺼번에 너무 많이 매수하는 것은 추천하지 않습니다.

S&P 500 지수 그 자체로 ETF는 미국 주식시장에 투자하는 효과를 냅니다. 해당 지수에 상장된 기업들 500곳 시가총액(시총)이 미국 주식시장 전체 시가총액의 80% 이상을 차지하거든요. 미국 증시 주요 주가지수와 ETF에 대한 이야기는 뒤에서 차근차근 해보겠습니다.

그리고 ETF뿐 아니라 개별 종목도 미국 증시 시총 1위 종목을 하나 사보라고 하는 이유는요, 미국 증시 1위가 사실상 전 세계 증시 시총 1위 기업이기 때문입니다. 증시가 전반적으로 급락하지 않는 이상 시총 1위 기업 주가는 낙폭이 상대적으로 크지 않기 때문에 미국 주식에 처음 발 디디는 입장에서는 비교적 안정적인 출발을 할 수 있습니다. 물론 오늘의 1등 기업이 내일의 1등 기업일 수는 없지만 이건 조금 더 시간을 두고 지켜봐야 하는 일입니다.

우리 주변에는 알아두면 쓸데 있는 정보들이 넘쳐납니다. 자본주의 역사는 어떻게 흘러왔는지, JP모건과 골드만삭스 등 월가 대형 투자은행들과 미국 중앙은행 연방준비제도(Fed, 이하 연준)는 어떤 관계인지, 연준의 통화정책은 어떤 파급 경로를 통해 시장에 무슨 영향을 주는지, 정책 시차는 얼마나 걸리는지, 미국 대선 시즌을 전후해 미국 증시는 어떻게 움직여왔는지 등등 공부할 것도 끝이 없어요.

그런데 가진 주식 하나 없이 공부부터 시작해서 파고들면 투자 수익률이 아니라 교양이 쌓입니다. 공부하고 배우는 삶은 충분히 멋지고 의미 있는 일이지만 거기에 매몰되는 바람에, '투자를 하기는 해야 하는데 공부가 아직 충분히 안 돼서요'라며 오늘의 투자를 내일로 미뤄버리면 내 마음 속 투자 진입장벽만 높아질 뿐이에요.

일단 미국 시가총액 1위 기업 주식을 하나 사서 재테크 실전에 발을 담그면, 미국 주식에 대한 관심이 저절로 생겨요. 내 돈이 걸린 일이니까 자연스러운 변화입니다. 그리고 그 다음은 자연스럽게 증시와 증시를 둘러싼 정치·경제·사회 이슈에 대해 시선이 가게 됩니다.

이것저것 신경 쓰기 싫을 때는 자동 투자

물론 나는 아예 아무런 고민을 하지 않고 재테크하고 싶다는 사람도 있습니다. 미국 대표 주가지수라든지 대표 기업 주식을 그냥 기계적으로 사서 모으겠다는 식인데요. 그래서 잠깐 미국 주식을 소액으로 적립식 자동 매수하는 방법에 대해 이야기해보려고 합니다. 이 방법은 은행에 자동 이체를 걸어두고 소액 적금을 든다는 마음으로 하면 좋을 것 같아요.

자동 매수란 정해진 날짜나 요일에, 원하는 수량으로 주식을 자동 매수하도록 증권사에 주문을 걸어두는 방식입니다. 모두들 투자 성향과 투자의 목적이 다르죠. 밤에 퇴근 후 자기 계발을 한다거나 아이를 키운다거나 이리저리 시간 빼앗기기 싫고 사정상 미국 시차에 맞춰서 주식을 매매하기 힘든 경우에 아무래도 자동 매수가 '지속 가능한 투자' 방법이 될 수 있습니다. 주식 고수들도 하기 힘들다는 '저점 매수·고점 매도'는 부담스럽고 최고의 수익률에 욕심내기보다는 마음 편히 적립식으로 장기 투자하고 싶은 경우에도 마찬가지겠죠?

국내 여러 증권사가 자동 주문 서비스를 지원하는데요. 증권사들마다 휴대폰으로 하는 모바일거래시스템MTS이나 개인용 컴퓨터로 하는 홈트레이딩시스템HTS의 사용자 환경이 다르니 일반적인 방식을 볼게요.

❶ 휴대폰으로 내가 거래하는 증권사 MTS를 켠다.
❷ '자동 매수' 항목을 찾기 힘들면 홈 화면 검색 기능을 이용해 '자동 매수' 단어를 입력해서 찾는다.
❸ 현재 내 증권 계좌가 자동 주문 이용 신청이 안 되어 있다면, 증권사 안내에 따라 신청한다.
❹ 이후 자동 주문 화면에서 매수하고 싶은 주식을 고른다.
❺ 마치 은행 정기 적금 가입할 때 적금액을 설정하듯이 정기적으로 자동 매수할 금액을 정한다.
❻ 매수 주기(매일, 매주, 매달, 특정 요일 등등)를 선택한다.

이렇게 설정해두면, 매수 체결 성공 혹은 체결 실패일 때 MTS 애플리케이션에서 알림이 옵니다. 내가 설정해둔 자동 매수 금액에 따라 단가가 비싼 주식은 소수점으로 매수가 될 수도 있는데요.

이런 자동 매수 방식은 연금형 상품, 그러니까 내가 나중에 쌓아두고 배당금을 받을 목적인 경우에 활용할 만한 방식입니다. 예를 들어 매달 10만 원씩 미국 배당형 ETF를 사서 모으는 식으로요. 물론 뉴스를 보는 일이 재미있고 미국 주식을 자기 주도적으로 하고 싶다면 굳이 이 자동 주문을 선택할 필요는 없습니다.

'아묻따' 적립식 장기 투자의 환상

일단 미국 주식을 1주 샀다면, 본격적으로 미국 증시 투자자의 길로 다가선 겁니다. 하지만 우리는 개인 투자자이니 꼭 명심해야 할 것이 있습니다. 어떤 종목에 투자해야 할지 늘 '스스로 생각해서 정해야 한다'는 것이에요. 이 점은 언제나 마음에 품고 있어야 남들의 말에 흔들리지 않습니다.

코로나 19 대유행 이후 부쩍 사람들 사이에 번진 환상이 있습니다. 바로 미국 주식 불패 신화입니다. 재테크가 대화 주제로 나오면 다들 "부동산·한국 주식 안 돼, 미국 주식 해야 돼"라고 합니다. 실제로 미국 증시 대표 주가지수인 S&P 500 지수가 2019년 5월부터 5년 간 70% 넘게 오른 반면 한국 코스피 지수는 20%가량 오르기도 했고요.

그런데 '도망친 곳에 낙원은 없다'는 말이 있죠. 미국 증시가 장기적으로 우상향하더라도, 내가 주식을 현금화해야 하는 시기에 증시가 하락장이었다면 마냥 낙원같이 느껴지지는 못할 겁니다.

그래도 너무나 많은 사람들이 쉬운 길만 찾고 싶은 것 같아요. 예를 들면 이런 식입니다. '아무 생각 없이' 꼬박꼬박 적립식 매수할 만한 미국 주식 종목 뭐 없을까? 자식에게 뭐 물려줄 생각하지 말고 애 태어날 때 증권사 계좌 파서 미국 우량주 사주는 게 낫다던데 뭐 사면 될까? 짠테크(짠내 나는 재테크, 구두쇠처럼 아껴 재물을 모으는 일)로 1억 원 모았는데 대출 끼고 오피스텔 같은 수익형 부동산에 투자하기보다는 고배당 ETF 그거 사서 묻어두면 어때?

하지만 자본주의 사회에는 공짜 점심이 없어요. 내가 아무런 대가를 지불하지 않았는데 묻고 따지지 않고 '무지성'으로 적립식 매수해 큰돈 벌 수 있는 종목이 얻어 걸리는 경우는 인생을 통틀어서 많지 않습니다. 괜찮은 종목이 운으로 얻어걸릴 수 있다손 치더라도 그런 확률에 노후를 맡길 수는 없는 노릇이죠. 재테크 잘하는 친구나 핀플루언서가 투자하는 종목을 따라서 살 수는 있겠지만 그들의 선택이 항상 옳은 것도 아니고, 또 그들이 내 옆에 바짝 붙어 앉아서 매수와 매도 타이밍을 알려주지도 않습니다.

물론 어느 시절이나 유행을 타는 투자 아이템 혹은 인기 종목이 있습니다. 다만 '계란을 한 바구니에 담지 말라'는 말처럼 소수의 특정 종목에만 집중 투자하면 그만큼 손실 위험이 커집니다. 관련해서 생각을 정리하기 위해 딱 두 가지만 들여다볼게요.

개별 종목, 상장지수에 몰빵 투자?

오늘의 승자가 항상 내일의 승자인 건 아닙니다. 우리에게 가장 와닿는 건 아무래도 최근 사례이니 말해볼게요. 제가 미국 주식을 시작한 건 2019년이었습니다. 그때는 애플(AAPL)과 마이크로소프트(MSFT), 디즈니(DIS), 보잉(BA), 스타벅스(SBUX)가 개인 투자자들 사이에서 인기를 끈 미국 주식이었습니다(괄호 안은 티커라고 하는 종목 기호입니다. 실제 투자할 때 아주 잘 써먹게 될 기호예요). 이 중에서 특히 디즈니는 3040 젊은 부모들 사이에서 자녀 계좌에 쌓아둘 적립식 매수 종목으로 인기를 끌었고요.

방산주인 보잉은 세계 최대 항공기 제조업체로 성장성과 안정성을 동시에 잡는 종목으로 매수세를 끌었습니다. 또 스타벅스는 '나는 스벅 배당금으로 커피 마신다'는 식의 뿌듯함을 안겨주는 종목이었습니다. 애플도 '아이폰 써보고 애플 주식 산다'는 식의 소비 겸 투자 종목으로 역시나 인기였습니다.

하지만 2020년 3월 전 세계로 퍼진 중국발 코로나 19 대유행이 많은 것을 바꿔놨습니다. 이런 상황이 일어날 줄은 아무도 몰랐죠. 디즈니는 코로나 사태가 지난 후 안방 극장에서 '온라인 스트리밍OTT 대장주' 넷플릭스(NFLX)에 자리를 내줬고, 테마파크 사업 회복세는 느린 반면 마블 같은 간판 영화 시리즈도 예전 흥행에 미치지 못했습니다.

보잉은 코로나 19 대유행 당시 락다운(봉쇄) 여파로 해외여행 수요가 줄자 항공사들과 함께 실적과 주가가 주춤하기 시작했고요. 이후 이런저런 항공기 결함 사고가 끊이질 않은 탓에 2024년 4월 글로벌 신용평가사 무디스는 보잉 회사채에 대한 신용 등급을 Baa2에서 Baa3로 한 단계 낮추고 등급 전망은 '부정적'으로 제시했습니다. Baa3는 투자 적격등급이기는 하지만 여기에서 한 단계만 더 떨어지면 투자 주의 등급입니다.

글로벌 3대 신용평가사들이 매기는 신용 등급

<table>
<tr><th>무디스</th><th>S&P</th><th>피치</th><th colspan="2">신용 등급</th></tr>
<tr><td>Aaa</td><td>AAA</td><td>AAA</td><td rowspan="10">투자 등급</td><td>최우수</td></tr>
<tr><td>Aa1</td><td>AA+</td><td>AA+</td><td rowspan="3">우수</td></tr>
<tr><td>Aa2</td><td>AA</td><td>AA</td></tr>
<tr><td>Aa3</td><td>AA-</td><td>AA-</td></tr>
<tr><td>A1</td><td>A+</td><td>A+</td><td rowspan="3">중상</td></tr>
<tr><td>A2</td><td>A</td><td>A</td></tr>
<tr><td>A3</td><td>A-</td><td>A-</td></tr>
<tr><td>Baa1</td><td>BBB+</td><td>BBB+</td><td rowspan="3">중하</td></tr>
<tr><td>Baa2</td><td>BBB</td><td>BBB</td></tr>
<tr><td>Baa3</td><td>BBB-</td><td>BBB-</td></tr>
<tr><td>Ba1</td><td>BB+</td><td>BB+</td><td rowspan="12">투자 주의
~
투자 부적격
(정크)</td><td rowspan="6">투기</td></tr>
<tr><td>Ba2</td><td>BB</td><td>BB</td></tr>
<tr><td>Ba3</td><td>BB-</td><td>BB-</td></tr>
<tr><td>B1</td><td>B+</td><td>B+</td></tr>
<tr><td>B2</td><td>B</td><td>B</td></tr>
<tr><td>B3</td><td>B-</td><td>B-</td></tr>
<tr><td>Caa1</td><td>CCC+</td><td>CCC</td><td>위험</td></tr>
<tr><td>Caa2</td><td>CCC</td><td>CC</td><td>극도로 위험</td></tr>
<tr><td>Caa3</td><td>CCC-</td><td>C</td><td rowspan="3">디폴트 임박</td></tr>
<tr><td rowspan="2">Ca</td><td>CC</td><td rowspan="2">RD</td></tr>
<tr><td>C</td></tr>
<tr><td>C</td><td>D</td><td>D</td><td>디폴트</td></tr>
</table>

물론 코로나 19 대유행 같은 건 100년에 한 번 일어날까 말까 하는 유행병이었습니다. "팬데믹 같은 일은 좀처럼 일어나지 않는 데다 예측 불가능한 변수 아냐?" 할 수도 있습니다.

그런데 팬데믹이 아니라도 "십 년이면 강산이 변한다"는 말처럼 시장에는 너무나 많은 변화가 일어납니다. 2024년 7월 미국 증시를 비롯해 주요국 증시가 급락했을 때 월가 전문가들도 그 배경을 찾느라 우왕좌왕했습니다. 10년이면 유망 산업이 레거시legacy 산업이 되기도 하고요. 시총 1위이던 기업이 뒤로 미끄러지기도 합니다.

지금 당장 잘나가는 1등 기업이 10년 후에도 1등 기업일지는 아무도 알 수 없기 때문에 그 기업 주식만 묻고 따지지 않고 적립식 매수했다가는 후회하게 될 수도 있어요. 일례로 IBM(IBM)과 애플을 볼까요? IBM은 지난 1995년 정도만 해도 뉴욕 증시에서 시총 1위였던 기술 기업이었습니다. 하지만 이후로 마이크로소프트와 애플, 알파벳(GOOG), 아마존(AMZN) 등에 밀려났죠. 이제는 미국 기술기업 간판 종목을 꼽으라고 할 때 아무도 IBM을 가장 먼저 떠올리지는 않습니다.

수익률을 볼까요? 우리가 만약에 1995년 시총 1위 기업인 IBM 주식을 사서 가지고 있다가 2024년 2월 말에 팔았다면 매매 수익률만 약 954%입니다. 엄청난 수익률 같은데, 같은 기간 애플과 마이크로소프트 주식을 사서 가지고 있다가 팔았으면 매매 수익률은 각각 1만 728%, 5만 5,143%입니다. 물론 약 20년 동안 954%의 수익을 낸다는 건 정말 대단한 일입니다만, 다른 두 종목에 비하면 조금 낮은 느낌이어서 아쉬움이 들 수 있겠죠.

둘째로 그러면 ETF는 어떨까요? 개별 종목은 위험하니까 ETF 사면된다는 의견도 많습니다. 그런데 ETF도 종목에 따라 위험도가 달라요. 2022~2023년 우리나라에서도 매수 인기를 누렸던 미국 ETF 중에 '아이셰어스 20+미국국채 바이라이트(TLTW)'가 있습니다.

분배금을 많이 주기 때문에 '배당 투자로 경제적 자유'를 달성하고 싶은 사람들이 이 ETF를 주로 매수했습니다. 2023년 말까지만 해도 1주당 0.746달러씩 분배금을 받을 수 있었는데 불과 반년도 지나지 않은 2024년 4월 들어서는 분배금이 0.235달러로 무려 70% 가까이 줄었습니다.

분배금만 줄었을까요? 2023년 말 이후 2024년 4월 말까지 TLTW 시세는 9% 가까이 떨어졌습니다. 물가 상승률까지 감안하면 실질적으로는 시세가 10% 이상 줄어든 셈입니다. 물론 이후에는 반등을 하겠지만 등락을 피할 수는 없습니다.

결론적으로, 언제나 안전하게 수익을 내주는 주식이나 ETF는 없습니다. ETF를 포함한 모든 주식은 대표적인 위험자산이라는 점을 항상 기억하고 계좌를 굴려야 합니다.

소수점 투자에 대한 진실

한 때 미국 주식 소수점 매매fractional share trading에 대한 관심이 많았습니다. 소수점 매매란, 말 그대로 주식을 1주 단위가 아닌 소수점 단위로 사고파는 것을 말합니다.

우리나라에서는 신한투자증권과 NH투자증권 등이 미국 주식 소수점 매매를 지원하고 있습니다. 소수점 매매를 하는 이유는 주식 가격이 너무 비싸서 부담되기 때문인데요. 결론부터 정리하면, 특정 기업 주식을 너무나 사고 싶은 경우가 아니라면 소수점 매매를 굳이 할 필요는 없습니다. 그 기업이 속한 ETF를 매수해도 되기 때문입니다.

소수점 매매는 미국 내에서도 개인 투자자들 주식 매매 열풍이 불던 2020년을 계기로 본격적인 관심을 끌게 됐습니다. 개인 투자자들이 주로 활용하는 온라인·모바일 주식 거래중개사 로빈후드가 '주식시장의 민주화democratizing the stock markets'를 내걸며 소수점 거래를 적극 지원했고, 이밖에 찰스슈왑Charles Schwab이나 피델리티Fidelity Investments 같은 대형 중개업체들도 소수점 거래 서비스를 지원해왔는데요.

소수점 매매는 애플이나 테슬라, 아마존, 알파벳 등 투자 선호도가 높은 기업들 주가가 높을 때, 개인 투자자에게 매수 기회를 열어준다는 측면에서는 의미가 있습니다. 다만 주주로서 제대로 된 권리를 행사할 수 있는지 확인해봐야 합니다.

우리나라와 달리 미국은 기업이 배당금을 높여준다든지 주식을 분할하는 등 주주 입장에서는 호재로 받아들일 만한 결정을 종종 하는데요. 이런 과정에서 소수점 주주 같은 경우는 그 결정을 적용받을 수 있는지, 가능한 경우라 하더라도 어떤 과정을 통해 처리되는지 하나하나 직접 확인을 해봐야 하는 번거로움이 있습니다. 국내뿐 아니라 미국에서도 소수점 거래에 관한 규정이 달라서 증권사마다 서비스

처리 방식도 다를 수 있거든요.

무엇보다도 소수점 거래는 대부분 거래 체결 방식이 거래소에서 정의하는 최소 수량을 맞추기 위해 증권사가 고객 주문을 모으거나 증권사 내부 주문을 동시에 진행해 거래소에 주문을 넣는 방식이기 때문에 주식 1주를 매매하는 경우에 비해서는 유연한 매매를 하기 힘듭니다.

더구나 최근에는 기업이 개인 투자자들의 호응을 의식하고 주식 분할하는 사례가 많아서 소수점 매매를 할 필요성이 줄어드는 추세입니다. 일례로 '인공지능 대장주' 엔비디아(NVDA)는 2024년 5월 22일, 실적 발표 자리에서 자사주를 1대 10 분할한다고 밝힌 바 있습니다. 당시 회사 주가가 1주당 900달러를 넘나들었기 때문에 소액 개인 투자자에게는 부담스러운 단가였죠. 최근에는 미국뿐 아니라 일본 기업들도 주식 분할에 적극적이어서 소액 투자자 입장에서는 굳이 소수점 투자를 할 필요성이 줄어드는 분위기입니다.

사례를 하나만 더 들게요. 미국에서 유명한 멕시칸 음식 체인점 치폴레멕시칸그릴(CMG)은 2024년 4월 말 기준 1주당 주가가 3,200달러를 넘는데요. 우리 돈으로 주식 단가가 400만 원이 넘으니 부담스러워서 이런 주식이야 말로 소수점 매매를 고민해볼 법합니다. 그런데 회사가 2024년 6월부로 1대 50 주식 분할한다고 발표를 했거든요. 이렇게 되면 굳이 소수점 매매를 할 필요가 있을까요?

결론적으로 내가 정말 특정 기업의 주주가 되고 싶은데 주식 단가가 너무 높아서 온전한 1주를 살 여유가 없다 싶을 때는 조금 기다려서 차근차근 돈을 모으거나 그 기업이 속한 ETF를 하나 사보는 쪽을 감히 추천하고 싶습니다. 주식은 자본주의 사회를 대표하는 금융 자산이잖아요. 이왕이면 하나를 사도 제대로 사서 매매해보는 것이 제대로 된 투자를 하는 느낌이 들지 않을까요?

자신의 선호 파악하기: 자산 키우기 vs 용돈 만들기

미국 주식에 투자한 지 7년 정도 되는 시간 동안 가장 많이 들은 말이 "나도 미국 주식 할 건데 어떤 종목을 사면 돼?"였습니다. 미국 증시에 투자할 만한 종목은 정말 많습니다. 널리고 널렸을 정도예요. 미국 주식이 워낙 인기이다 보니 구글, 네이버, 유튜브 검색만 해도 유망 종목에 대한 정보가 넘칩니다.

그런데 왜 "어떤 종목 사면 좋을지 추천해줘"라는 질문을 가장 많이 할까요? 가만히 생각해보았어요. 아무래도 내가 왜 투자를 하려고 하는지, 투자의 목적을 몰라서 그런 것 같습니다. 이건 투자를 시작할 때 가장 중요한 부분이자 꾸준히 고민해야 하는 부분인데요. 그럼에도 불구하고 대부분의 사람들이 그냥 '재테크로 돈 벌고 싶다, 부자 돼서 퇴사하고 싶다'까지만 생각하는 것 같습니다. 친구들뿐 아니라 저도 그랬습니다. 하지만 분명히 해둬야 할 것들이 있더라고요. 바로 나의 투자 목적과 우선순위입니다. 투자란 건, 그냥 따라하는 것이 아니라 내 필요에 맞게 돈을 벌려고 하는 것이니까요.

그렇다면 지금 나에게 필요한 건 무엇일까? 자산 키우기냐, 안정적인 현금 흐름을 확보하는 것이냐, 이 두 가지로 나눠볼게요. 일례로 '내가 곧 퇴사할 것 같다 혹은 아이를 키우느라 경력이 단절됐는데 취업은 잘 안 되고 매달 현금 흐름이 필요하다'에 해당하는 경우가 있어요. 이런 경우는 배당을 꼬박꼬박 받는 것이 우선인 케이스입니다.

회사원들이 마음속으로 퇴사를 외치며 사직서를 품고 다녀도 어쩔 수 없이 회사를 다니는 가장 큰 이유가 월급을 대체할 만한 안정적인 현금 흐름이 없기 때문이라고 하잖아요. 저도 직장인이니 가장 신경 쓰이는 부분이더라고요. 이런 케이스라면 안정적인 현금 흐름을 확보하기 위해 배당주 투자를 늘리는 전략이 필요합니다.

한편 자산을 키우는 것 자체가 우선인 경우도 있습니다. 종잣돈이 적다면 배당주에 투자해봐야 한계가 있죠. 대부분의 2030 청년층은 연령대의 특성상 모아둔 돈이 많지 않기 때문에 자산을 불리기 위해 성장주 투자 비중을 늘리는 전략이 효과적입니다.

물론 안정적인 현금 흐름 확보와 자산 키우기는 둘 모두 중요하고 필요합니다. 여러분도 저처럼 자산도 키우고 당장 현금 수입도 들어오면 좋겠다는 마음이겠죠? 하지만 둘 다를 동시에 다 해결해 줄 수 있는 만능 주식은 없고(그런 주식이 있다면 얼마나 좋을까요!), 사람마다 각자 처한 상황이 다르기 때문에 그 우선순위에 따라 나눠서 투자 방향을 잡아볼게요.

배당주 차근차근 쌓아가기

내가 당장 한 달 생계비가 필요할 정도로 사정이 힘들다면 주식이 아니라 노동 소득으로 돈을 벌어야 합니다. 다만 우리가 이런 이야기를 하려고 미국 주식을 하는 건 아닙니다.

마치 오피스텔 같은 수익형 부동산처럼 매달 안정적인 현금 흐름을 얻고 싶다면 적금하듯이 배당주를 차곡차곡 쌓아가는 것도 좋은 방법이에요. 우리는 고액 자산가가 아니라 평범한 소액 투자자이기 때문에 원하는 수준의 배당금을 받기 위해서는 시간을 들여 꾸준히 배당금을 많이 주는 기업 주식을 적립식 매수해야 합니다.

미국 주식은 보통 분기별로 배당을 합니다. 그러니까 12개월을 놓고 보면 이 시간 동안 배당금을 총 네 번 받을 수 있어요. 물론 요즘은 매달 배당을 주는 월 배당 종목도 있는데 이 부분은 뒤에서 따로 다루도록 하겠습니다.

요즘은 배당주 수익률을 '월세 수익형 부동산'인 오피스텔의 수익률과 비교하기도 합니다. 한국부동산원 통계 발표에 따르면 2024년 1월 전국 오피스텔 평균 수익률은 5.27%라고 합니다. 물론 세전 기준입니다. 각종 세금은 개인의 사정에 따라 또 달라지니까요.

미국 배당주의 경우, 통상 배당 수익률이 3%를 넘는 종목을 배당 귀족주라고 합니다. 개별 기업으로 보면 존슨앤드존슨(JNJ), 코카콜라(KO), 버라이존(VZ), 엑슨모빌(XOM), 리얼티인컴(O) 같은 종목들이 대표적이죠. 리얼티인컴은 이미 한국인 투자자들 사이에서도 인기를 끈 고배당주입니다.

이렇게 세금 전을 기준으로 보면 미국 배당 귀족주 배당 수익률이 한국 오피스텔에 비해 엄청난 수익률을 자랑하는 것 같지는 않습니다. 하지만 오피스텔은 기본적으로 한꺼번에 큰돈이 들어가기도 하고 취등록세를 비롯한 각종 세금, 또 세입자와의 관계 문제 등이 비용으로 따르는 데다 나중에는 건물 감가상각 문제가 있기 때문에 요즘은 배당주에 투자하겠다는 사람들이 늘어나는 것 같아요(물론 미국 배당주에도 세금이 따라붙는 등 비용이 있습니다).

게다가 배당을 아주 잘 주는 고배당 ETF도 있습니다. 이 부분은 ETF 쪽에서 따로 언급하겠지만 최근 들어서는 고배당 ETF를 적립식 매수해서 안정적인 현금 흐름을 확보하려는 분들이 많습니다.

다만 배당주도 장·단점은 있습니다. 배당주는 대부분 이미 어느 정도 성숙한 단계에 있는 산업의 우량 기업 주식인 경우가 많습니다. 이 말은 사업이 안정적으로 굴러가지만 폭발적인 확장세를 기대하기는 힘들다는 의미입니다. 그래서 배당 수익률은 높지만 시세 차익은 성장주에 비해 뒤처지는 편입니다.

배당주에 투자하건 성장주에 투자하건 시드 머니가 크다면 당연히 큰돈을 벌겠지만, 한 번에 큰돈을 벌겠다는 욕심을 버리는 데서 투자는 시작됩니다. 우리의 이야기는 작고 소중한 시드 머니를 크게 불려가는 일에 대한 것이니까요. 배당주도 잘 사서 모으면 배당 수익을 통한 '복리의 마법'을 통해 자산을 불릴 수 있고 시세 차익도 누릴 수 있습니다.

배당 수익률

'배당 수익률Dividend Yield'은 배당주 투자를 할 때 가장 중요한 지표입니다. 어떤 기업이 최근 12개월(1년)동안 주가 대비 배당금을 얼마나 주는 지를 보여주기 때문이죠.

'배당 성장률Dividend Growth Rate'도 참고할 만한 지표입니다. 배당주는 보통 장기·적립식 투자를 하는 경우가 많으니까요. 배당 성장률은 어떤 기업이 매년 얼마나 배당금을 올려주는지(인상률)을 보여줍니다.

'배당 성향Dividend Payout Ratio'이라는 것도 있습니다. 어떤 기업이 분기 순이익 대비 주주에게 배당금을 얼마나 많이 주는지를 보여줍니다. 배당 성향도 중요하기는 하지만, 투자자 입장에서 실질적으로 중요한 건 배당 수익률이고, 그 다음은 배당 성장률입니다.

복리의 마법

복리의 마법Compound Interest이란, 복리가 쌓이면서 자산이 눈덩이처럼 불어나는 것을 의미합니다. 은행 적금을 생각하면 편합니다. 원금에 이자 수익이 한 번 따라 붙고 끝나는 것을 넘어서 일정 기간마다 원리금(=원금+이자)에 이자가 붙는 방식입니다. 이자에도 이자가 따라붙는 효과가 있다 보니 자산이 빠르게 늘어납니다.

와닿지 않는다면 미래에셋투자와연금센터의 설명을 빌려와서 숫자로 비교해볼게요. 예를 들어 10년 동안 매년 1,000만 원씩 연 10% 복리로 자금을 운용한다고 생각해볼까요? 이때 원금에 대한 이자는 매년 100만 원이니까 10년이면 총 1,000만 원이고, 10년 동안 이자에 대한 이자를 합치면 총 593만 원입니다. 10년 동안 투자금은 원금 1억 원과 원리금 이자인 1,593만 원(=1,000만 원+593만 원)을 합쳐 총 1억 1,593만 원이 됩니다. 조금 적게 느껴지시나요?

그러면 10년이 아니라 20년으로 기간을 늘려보겠습니다. 원금에 대한 이자는 매년 1,000만 원씩 20년이니 총 2,000만 원입니다. 그런데 20년 동안 이자에 대한 이자를 합치면 3,727만 원이니까 심지어 원금에 대한 이자(2,000만 원) 보다 더 많아지죠.

'엔비디아·테슬라 덕에 퇴사합니다' 단타의 유혹

그렇다면 '단타(단기 매매)'로 한 달 용돈 벌이를 해보는 건 어떨까요? 미국 주식은 상·하한가 제한도 없어서 하루에 100% 넘게 오르는 종목이 있고 또 시세 변동의 2~3배 베팅을 할 수 있는 레버리지 종목도 있으니 잘만 하면 '단타' 그러니까 단기 매매로 쏠쏠한 돈을 벌 수 있을 것 같으니까요.

우리 주변에 테슬라나 엔비디아 같은 종목 하나 잘 골라잡아 큰 돈 번 후 퇴사했다는 성공담이 늘 따라다닙니다. 이런 종목은 성장 산업에 속하는 기술 기업이면서 동시에 글로벌 대기업이다보니 왠지 단타를 해도 망하지 않겠다는 생각이 들 법도 합니다. 게다가 유튜브를 보면 '코인 부자'만큼이나 '미국 주식 부자'도 많은 것 같아서 부러운 마음이 들 수도 있어요.

하지만 단타는 실패할 확률이 훨씬 높습니다. 일단 내가 당장 한 달 생활비 혹은 용돈이 급한 상황일수록 마음이 조급해지는데 그럴수록 실패에 다가서게 됩니다. 흔히 말하는 '초심자의 행운'이라는 게 우리를 착각의 늪에 빠지게도 합니다. 내가 주식 한 지 얼마 안 됐는데 수익이 생각보다 잘 나오다보니 "아, 단타 할 만 하네" 하는 마음이 들 수도 있는 거죠.

하지만 투자 고수도 돈을 잃기 십상인 걸요. 흔히 말해 '짬이 좀 찬' 투자자라면 단기 매매로 돈을 벌기도 합니다. 하지만 문제는 지속가능한 수익을 내기가 어렵다는 것이죠. 2024년 4월의 미국 증시 기억하는 분들 계실까요? 슈퍼마이크로컴퓨터(SMCI)와 엔비디아 주가가 단 하루 만에 특별한 이유 없이 23%, 10%씩 떨어졌을 때, 월가 전문가 누구도 그럴 듯한 설명을 하지 못했습니다. 전문가들이 바보여서 그런 게 아니라 증시가 그만큼 투자 심리에 굉장히 민감하게 반응했기 때문입니다.

이런 부분은 전문가도 쉽게 예측할 수가 없어요. "지금 공포·탐욕 지수가 극에 달했으니 언젠가는 이 거품이 꺼지고 저점매수의 기회가 올 거야"라고까지는 생각할 수 있지만 '정확히 언제'일지를 아무도 알 수가 없습니다. 경제 공부 많이 하고 투자 했는데 증시 분위기가 안 좋아서 며칠씩 계속 평가 손실만 커질 수도 있습니다. 내가 당장 매달 얼마만큼의 생활비가 필요한 입장이라면, 과연 이런 불확실성을 얼마나 참고 버틸 수 있을까요?

내가 힘들게 벌고 모은 돈을 한꺼번에 불확실성에 내맡기지 마세요. 한국 주식이든 미국 주식이든 특히나 내가 초보자라면, 단기 매매에 욕심 내서도 안 되고 또 "주식으로 돈 버는 방법 알려드립니다"라는 말에 흔들리면 안 됩니다.

주식 고수들도 단기 매매를 할 때는 손실을 많이 떠안기도 합니다. 그러니 지금 당장 내가 단기 매매를 잘하지 못한다고 위축될 필요는 하나도 없습니다. '빨리 경제 공부 열심히 해서 따라잡아야겠다'는 생각 역시 안 하셔도 돼요. 왜냐하면 경제 공부는 투자 판단과 투자에 따른 불안을 견디는 데 도움을 줄 뿐입니다. 주식을 사고팔 때 가장 중요한 건, 공부로는 채울 수 없는 '투자의 감각'입니다.

그저 미국 주식으로 마음 편하게 큰돈 벌고 싶은 마음이라면 단기 매매는 특히나 추천하지 않습니다. 다만 조금 귀찮더라도 꾸준히 그날그날의 미국 증시 시황을 파악하고 국제 뉴스를 정리하는 습관을 들인 사람에 한해서는 부담되지 않는 금액으로 단기 매매를 해서 월별 현금흐름을 늘리는 것도 방법입니다. 스스로 시장 상황을 읽고 본능적으로 상황을 판단할 줄 알면 단기 매매가 무조건 나쁜 건 아닙니다.

결론을 내보자면, 단기 매매도 필요하고 중요하지만 여기에만 치우치지 않도록 포트폴리오 관리를 꾸준히 해야 한다고 생각해요. 그렇기 때문에 단기 매매로 돈을 버는 건 주식 초보에게는 욕심에 가깝습니다. 어느 정도 주식 투자한 경력이 있는 사람도 단기 매매로 월급이나 부동산 월세 수입처럼 안정적인 수익을 꾸준히 내는 것은 쉽지가 않습니다.

PART 2

미국 주식 투자 육하원칙

미국 주식은 누가, 어디에서 투자할 수 있을까?

여러분은 왜 미국 주식에 투자하려고 하시나요? 이 부분에 대해서는 따로 말할 필요가 없을 정도로 많은 사람들이 미국 주식의 장점을 이야기합니다. '미국 주식은 배당도 준다', '한국 주식처럼 상속세 문제에 따른 블록 딜 리스크도 현저히 적다', '한국 기업들처럼 걸핏하면 물적 분할을 해서 주주들을 힘들게 하지 않는다', '미국 대형 기업들은 글로벌 기업이기 때문에 미국 주식에 투자하는 것은 사실상 글로벌 시장에 투자하는 효과를 낸다' 등등 사람들이 미국 주식을 하려는 이유는 굉장히 다양해요.

각종 블록딜(주식을 대량으로 보유한 매도자가 사전에 매도 물량을 인수할 매수자를 구해 시장에 영향을 미치지 않도록 장이 끝난 이후 지분을 넘기는 거래)과 테마주, 일명 '리딩방'이 난무하는 한국 증시에서 주식 투자를 하느니 미국 증시에서 주식 투자를 하는 게 중장기적으로 봤을 때 훨씬 마음이 편하

최근 5년간 미국 S&P 500 지수와 한국 코스피 지수 비교

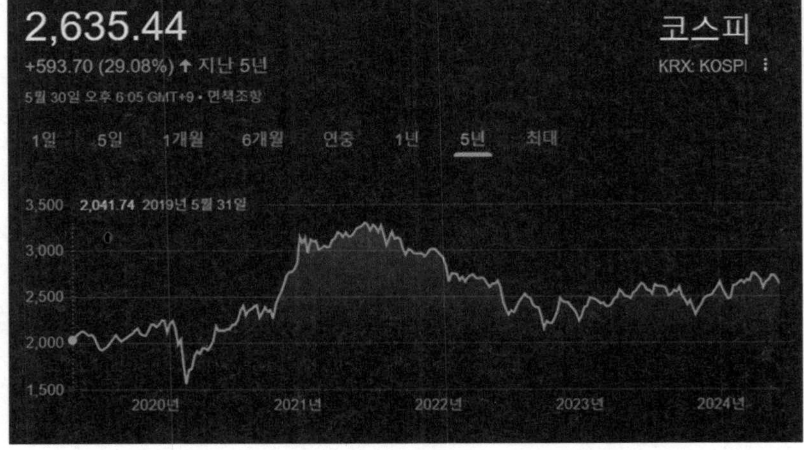

다는 생각은 요즘 누구나 하는 것 같아요. '한국 주식 하는 거 아니래, 미국 주식 해야 돈 번대'라는 말이 의미심장하게 와닿습니다.

무엇보다 사람들이 미국 주식을 하려는 이유는 5년을 놓고 봐도 10년을 놓고 봐도 20년을 놓고 봐도 한국 증시보다 미국 증시 투자 수익률이 더 좋기 때문입니다. 미국 주식을 왜 하는지에 대해서는 우리 각자 자기만의 투자의 목적을 확실히 해나가는 작업이 필요하다고 생각합니다. 당장 매달 안정적인 현금 흐름이 필요하다면 배당주 투자에 집중하는 것이 상대적으로 유리하겠죠. 반면 적은 돈으로 자산을 빠르게 키우는 게 우선이라면 아무래도 성장주 투자 비중을 높게 잡는 게 더 효과적인 방법입니다.

미국 주식을 하다 보면 여러 가지 궁금한 점이 생깁니다. 각자 상황에 따라서 알아봐야 할 것들이 다르기도 하고요. 다만 미국 주식을 시작할 때 기본적으로 알면 좋은 것들은 정해져 있죠. '누가, 언제, 어디서, 무엇을, 어떻게'에 맞춰서 아주 간단하게 정리해볼게요.

어린이도 투자할 수 있을까?

한국인 누구나 우리나라 증권사 계좌로 미국 주식이나 채권을 직접 사고팔 수 있습니다. 우리나라는 1994년 7월부터 일반 개인 투자자들도 해외 증권(주식이나 채권)에 직접 투자를 할 수 있게 되었죠. 이 글을 쓰는 2024년을 기준으로 보면 중국처럼 내국인이 해외 주식에 직접 투자를 못하도록 막는 나라도 있습니다.

여기에서는 궁금해지는 포인트는 '미성년자인 어린 자녀 계좌로 미국 주식에 투자할 수 있을까'입니다. 재테크 트렌드 중 하나인 것 같아요. 미국 주식이 워낙 '장기적으로도 우상향하는 자산'으로 알려지다 보니 미성년자인 자녀를 위해 미국 주식을 차곡차곡 사서 모아주고 싶다는 부모들이 많다는 뉴스가 나온 지도 이미 오래됐습니다.

미성년 자녀 계좌 개설은 우리나라의 주요 증권사를 통해서 굳이 지점에 찾아가지 않고도 모바일로도 쉽게 만들 수 있습니다. 증권사마다 계좌 자체의 장단점은 큰 차이가 없기 때문에 보통은 부모 본인이 이용하는 증권사 혹은 이벤트를 하는 증권사를 골라서 계좌를 만들면 됩니다.

공통적으로 필요한 준비물은 세 가지입니다. ❶ 법정대리인 부모 서류(부모의 신분증, 휴대전화, 은행 혹은 증권계좌), ❷ 주민등록번호가 전부 표기된 가족관계증명서, ❸ 기본 증명서인데요. 신청 접수 후 실제 계좌 개설까지는 1~2영업일 정도 걸립니다.

미국 주식 투자는 어디에서 할까?

첫째로는 한국 증권사 계좌를 통해 미국 증시에서 직접 매매하는 방법, 즉 직접 투자가 있습니다. 요즘 대부분 증권사 모바일 애플리케이션을 사용하는 것처럼 미국 주식 거래도 마찬가지 입니다.

미국 증시의 경우 우리나라 한국거래소와 달리 거래소가 여러 곳이거든요. 이 중에서 미국 3대 증권거래소만 꼽아보면요. 가장 유명한 세계 최대 규모 증권거래소인 뉴욕증권거래소NYSE를 비롯해 기술 기업들이 주로 상장하는 것으로 유명한 나스닥증권거래소NASDAQ, 중소형 성장주에 특화된 뉴욕증권거래소 아멕스NYSE AMEX가 있습니다.

다만 2020년 이후 ETF 시장이 폭발적으로 성장하면서 뉴욕증권거래소 아르카NYSE ARCA도 주목받고 있는데요. 이름에서도 알 수 있듯, NYSE AMEX와 NYSE ARCA는 각각 뉴욕증권거래소에 인수됐습니다. 주로 상장지수펀드ETF나 상장지수증권ETN 같은 상장지수상품ETP들이 상장해 있죠. 사실 투자자들 입장에서는 미국 어느 거래소에서 투자를 하는지가 실질적으로 중요하지는 않습니다.

둘째로는 한국 증시에서도 미국 주식에 간접 투자하는 방법이 있습니다. 바로 국내 자산운용사들이 우리나라 증시에 출시한 미국 ETP 상품이 있기 때문이죠. 미국 증시에 상장된 기업들에 투자하는 것이지만 껍데기는 한국 투자 상품입니다. 그래서 환율 변수가 있어요.

한국 자산운용사가 국내 증시에 출시한 미국 투자 ETF나 ETN 종목 이름에 'H'라고 되어 있으면 환 헤지가 되어 있고, H가 없으면 환율 변동에 노출되어 있는 것이라고 보면 됩니다. H는 헤지Hedge의 약자입니다. 환율 변동에 따른 영향을 줄인다는 의미를 가지고 있습니다.

또 한국 증시에 상장된 미국 투자 ETF나 ETN 종목 이름에 '합성'이 붙은 경우도 있습니다. 일반 ETF는 자산운용사가 직접 운용하는 것과 달리, 합성 ETF는 간접 운용되기 때문에 구별해서 이름을 정한 건데요. 합성 ETF는 실물 자산을 실제로 편입시키는 일반 ETF와 달리 복제·추종하는 방식으로 수익을 냅니다.

'합성'이라는 단어가 뜬금없게 느껴지기는 합니다. 실물 자산이 아니라 '스왑Swap'이라는 장외파생상품을 적극적으로 활용한다는 점에서 혼합된 상품의 특징이 있다는 정도로 이해하면 편합니다. 쉽게 말하면 '합성' H ETF는 환율 변동의 영향을 받지 않고 자산과 연계된 파생상품에도 간접적으로 투자하는 혼합 상품이 되겠죠. 합성 ETF에 파생상품이라는 조금 생소한 것이 섞여 있다고 하니 위험하다는 생각이 들 수 있습니다.

합성 ETF는 주요 자산 외에 대체 자산으로 원화 예금이나 국채, 단기금리 상품과 같이 비교적 안정적인 자산을 '스왑 계약(둘 이상의 당사자가 미리 가격·기간을 정해놓고 미래의 특정 시점에 자금 흐름을 서로 교환하는 금융 거래 방식)'을 통해 보유하고 있습니다. 위험에서 자유로운 ETF나 개별 종목이란 건 없으니 시장에서는 합성 ETF라고 해서 특별히 안정적이라든지 특별히 과도하게 위험하다고 보지는 않습니다.

우리나라와 달리 미국 같은 경우에는 ETF 이름에 '합성'인지 아닌지를 따로 표기하지 않아요. 대신 자산운용사들이 ETF로 어떤 자산(구성 종목)을 굴리고 있는지 스왑 계약을 통해 굴리는 대체 자산은 무엇인지 자세하게 표시를 해놓습니다. 한국 투자자에게 인기가 많은 레버리지 ETF죠. 미국 증시에서 거래되는 프로셰어스 울트라프로 QQQ(TQQQ·나스닥 100 지수 3배 레버리지 ETF)라든지 디렉시온 데일리 반도체 불 3X 셰어스(SOXL·필라델피아반도체 지수 3배 레버리지 ETF) 같은 상품들도 합성 ETF에 속합니다.

미국 주식은 언제 사고팔 수 있을까?

미국 주식은 사실상 24시간 거래할 수 있습니다. 거래 시간은 크게 본 거래(정규장)와 프리마켓Pre-Market, 애프터마켓After-Market, 주간 거래 등 네 개 구간으로 나눠서 생각할 수 있어요. 아주 간단하게 표현하면 본 거래를 제외한 프리·애프터 마켓은 '시간 외 거래' 정도로 생각하면 편합니다.

순서대로 보면요. 역시나 정규장이 가장 중요합니다. 거래량이 가장 많고 그날그날 시장 분위기와 투자 심리를 좌우하기 때문입니다. 본 거래는 미국 동부시간Eastern Time, ET에 따라 평일 오전 9시 30분 개장해 그날 오후 4시에 폐장합니다. 미국 증시는 금융도시 뉴욕을 기준으로 개장·폐장하는데, 뉴욕이 동부 시간대에 속해 있으니 그렇습니다.

'세계 금융의 심장' 미국 증시와 동부시간

미국 주식을 할 때 흔히 우리나라와 미국시차가 큰 걸림돌이기는 합니다. 기본적으로 우리나라와 뉴욕 시차는 서머타임summer time에 따라서 달라지는데요. 쉽게 계산하는 소소한 팁 하나 적어볼게요.

미국 서머타임은 여름의 긴 낮 시간을 효과적으로 이용하기 위해 표준 시간보다 시각을 앞당기는 제도로 매년 3월 둘째 일요일 오전 2시에 시작되고 같은 해 11월 첫째 일요일 오전 2시에 해제됩니다. 매년 날짜가 달라지는데 귀찮으면 3월, 11월만 기억해뒀다가 뉴스 검색하면 바로 나옵니다. 서머타임에는 한국과 뉴욕 간 시차가 13시간, 서머타임이 해제되면 시차가 14시간으로 1시간 더 늘어납니다.

그러면 구체적인 시간을 계산 해야겠죠? 서머타임일 때는 한국 시간에서 1시간을 빼서 낮과 밤을 뒤집어 생각하면 뉴욕(미국 동부) 시간이 됩니다. 그러니까 서머타임일 때 미국 증시는 미국 동부 시간으로 아침 9시 30분, 한국 시간으로는 저녁 10시 30분 개장입니다. 한국 시간에서 1시간을 빼면 저녁 9시 30분이죠? 여기에서 낮과 밤을 뒤집으면 미국 동부 기준 아침 9시 30분이 됩니다.

그리고 폐장은 미국 동부 시간으로 오후 4시, 한국 시간으로는 다음 날 새벽 5시인데요. 한국 시간에서 1시간을 빼면 새벽 4시죠? 여기에서 낮과 밤을 뒤집으면 미국 동부 기준 오후 4시가 됩니다.

서머타임이 해제될 때는 한국 시간에서 2시간을 빼서 낮과 밤을 뒤집어 생각하면 뉴욕 시간이 되겠죠. 그러니까 서머타임이 해제된 때 미국 증시는 한국 시간 기준으로 저녁 11시 30분에 개장해서 다음 날 새벽 6시에 폐장합니다.

프리마켓과 애프터마켓

두 번째 시간대는 프리마켓과 애프터마켓입니다. 프리·애프터마켓 시간대는 증권사마다 살짝 차이가 있으니 직접 확인해봐야 합니다.

프리·애프터마켓은 그날 증시 분위기 힌트 역할을 하기도 합니다. 다만 어떤 일이 일어나 호재·악재가 불거져 증시 분위기를 바꿀지 알 수 없기 때문에 프리·애프터마켓 분위기에 너무 흔들릴 필요는 없더라고요. 개인적으로 6년간 매일 미국 증시를 지켜보고 실제로 매매를 해본 후에 내린 판단이기도 합니다.

운 좋게 프리·애프터마켓이나 주간 거래를 통해서 저점에 사거나 고점에 팔 기회가 있기는 합니다. 다만, 이 시간대는 거래량이 적고 그런 만큼 가격 변동성이 큽니다. 그래서 내가 어느 날 운 좋게 프리·애프터마켓을 통해 저점매수·고점 매도 기회를 잡았다 하더라도 우연한 행운이라고 생각하면 됩니다. 그건 지속 가능한 기회가 아니거든요. 우연한 행운의 반대편에는 우연한 불운도 있습니다. 프리·애프터마켓을 통해서 단기 매매를 하려다가 오히려 손실을 볼 가능성도 높습니다.

한국 시간 기준 미국 증시 거래 시간

구분	서머타임 미적용	서머타임 적용
주간거래	10:00~17:30	09:00~16:30
프리마켓	18:00~23:30	17:00~22:30
정규장	23:30~06:00	22:30~05:00
애프터마켓	06:00~07:30	05:00~07:30

출처: 삼성증권

증권사들의 프리·애프터마켓 안내를 보면 '거래량이 적어 주가 변동성이 크니 손실 가능성을 염두에 두라'는 주의 사항을 발견할 수 있습니다. 언뜻 볼 때는 그저 그런 주의 사항이겠지만 저도 직접 매매하면서 잃기도 하고 얻기도 해보니 그제서야 눈에 들어오더라고요. 우리의 이야기는 늘 본업(꼭 취업자가 아니라도)이 있는 평범한 소액 개인 투자자들의 시선에서 출발합니다. 정규장이 가장 거래가 많고 그 날의 장 분위기를 좌우한다는 점을 잊지 말자고요.

프리마켓은 말 그대로 본 거래인 정규장이 열리기 전에 미리미리 주문을 넣고 거래하는 것을 말합니다. 사거나 팔고 싶은 종목의 호가와 수량을 입력해 주문을 내는 것은 본 거래와 같고요. 다만 내가 낸 주문은 정규장에서도 유효하다는 점을 알아두면 됩니다. 예를 들어 내가 테슬라 주식을 프리마켓에서 1주에 1,000달러 주고 매도하겠다는 주문을 냈다면, 정규장에서도 그 주문은 그대로 유지가 됩니다. 프리마켓에서는 안 팔렸는데 정규장에서 팔릴 수도 있고요. 정규장에서도 안 팔리면 그 거래는 장 마감 후에 취소됩니다.

애프터마켓 역시 말 그대로 정규장이 마감된 후에 주문을 넣고 거래하는 것을 말합니다. 거래 방식 자체는 프리마켓이나 정규장이나 애프터마켓이나 같습니다.

물론 프리·애프터마켓은 기업들 분기 실적 발표가 몰리는 '어닝 시즌'에 그날그날 개별 종목 주가 동향을 파악하는 데는 중요한 힌트가 될 수 있습니다. 하지만 주가 변동폭이 정규장보다는 큰 편이에요.

예를 들어보겠습니다. 현지시간 기준으로 2024년 4월 24일 미국 증시 본 거래 마감 후 '인스타그램 모기업' 메타 플랫폼스(META)가 분기 실적을 발표했습니다. 실적은 좋았지만 대규모 비용 증가를 예고한 탓에 이날 애프터마켓에서 주가가 15% 넘게 추가로 급락했습니다. 다음 날 25일 본 거래에서 메타 주가는 결과적으로 전날보다 약 11% 하락한 정도로 거래를 마감했습니다.

만약에 우리가 미래를 내다볼 수 있었다면 24일 애프터마켓에서 15% 내려간 가격으로 메타 주식을 샀으면 됐겠죠? 하지만 정말 냉정하게 생각해서 우리가 정확히 저점에 매수하는 일은 많지 않습니다. 심리적으로 보면 오히려 이미 메타를 가진 사람이 애프터마켓에서 주식을 헐값에 내다 팔 가능성이 더 높습니다.

반대로 내가 메타 주식을 가지고 있었는데 24일 애프터마켓에서 주가가 급락하는 걸 보고 불안에 휩싸인 나머지 15% 급락한 수준에서 매도했다고 생각해볼게요. 다음 날인 25일 본 거래에서 낙폭은 오히려 11% 정도로 적었습니다.

미국 주식뿐 아니라 주식을 할 때는, 공격적이거나 혹은 보수적인

'투자자의 성향'도 중요하지만 성향을 넘어 '나의 선택이 늘 최선일 수는 없다'는 마음을 가지는 것이 유리합니다.

주간 거래와 휴장일

그리고 '주간 거래'가 남았습니다. 저는 미국이 잠든 시간, 한국의 낮 시간에 미국 주식 매매가 이뤄지는 주간 거래는 피하자는 말도 드리고 싶습니다. 투자 고수가 아닌 한은 말입니다. 주간 거래는 서비스 시간도 증권사마다 다릅니다. 이 시간대는 시차상 서구권 투자자들은 잠들고, 아시아권 투자자들이 활동하는 시간대입니다.

다만 아시아권도 각자 자국 증시 정규장이 열리는 시간대인 것이죠. 한 마디로 주간거래는 투자자들의 관심도가 떨어지고 거래량도 극히 적은 데다 이때 흐름을 보고 미국 증시 분위기를 짐작하기에도 무리가 있습니다. 월가의 전설적인 은행가로 지금의 JP모건을 세운 존 피어폰트 모건John Pierpont Morgan은 이런 말을 남겼다고 합니다. "내 첫 번째 추측이 맞을 때도 있지만 두 번째 추측은 절대 맞지 않는다."

마지막으로 미국 증시에도 휴장일이 있죠. 미국 증시에서 주식을 직접 매매한다면, 우리나라 공휴일이어도 미국 주식은 사고팔 수 있습니다. 미국은 공휴일이 아니니까요. 다만 미국의 경우 '콜럼버스 데이' 같은 논란이 큰 연방 공휴일의 경우 주식·채권시장 운영이 다릅니다. 같은 기념일이라도 해마다 휴장 혹은 단축 운영 방침이 달라지기도 하는데 이런 부분은 증권 앱을 통해서 확인할 수 있습니다.

이밖에 한국 증시에 상장된 미국 주식 투자 ETF나 ETN은 한국 공휴일에 따라 거래됩니다. 당연한 이야기지만 매매 타이밍을 정할 때는 휴장 일정도 잘 따져봐야 합니다. 휴장일을 전후해서는 주식 거래량이 달라지기 때문에 어떤 뉴스나 이벤트가 있으면 시장 반응이 평소보다 소극적이거나 오히려 과장될 수 있어요. 이런 경우, 별다른 확신이 없는 한 미리 휴장에 앞서 과감하게 베팅할 필요는 없습니다.

미국 주식,
무엇을 투자할까?

가장 대표적으로는 크게 세 가지로 나눠볼 수 있습니다.

첫째는 개별 종목 혹은 특정 업종·테마, 아니면 종합 주가지수에 투자하는 겁니다. 개별 종목은 예를 들어 마이크로소프트나 코카콜라, 리얼티 인컴 같이 마음에 드는 기업 주식을 사고파는 식이죠. 특정 업종이나 테마에 투자할 때는 ETF나 ETN을 고르면 됩니다.

둘째는 인버스inverse 투자인데요. 첫 번째로 언급한 일반적인 투자라는 게 기초 자산, 즉 개별 종목이나 업종 혹은 주가지수 상승에 베팅하는 것이라면 인버스 투자는 반대로 하락에 베팅하는 것입니다.

세 번째는 레버리지leverage 투자인데요. 일반적인 투자와 달리 기초 자산 시세를 두 배 이상으로 베팅하는 고위험·고수익 투자를 말합니다. 시세가 오를 때 수익률을 몇 배로 얻을 수 있다는 장점이 있지만 한편으로는 시세가 하락할 때 낙폭도 몇 배로 확대되는 식입니다.

ETF? ETN? ETP? 도대체 차이가 뭘까

상장지수펀드Exchage Traded Fund, ETF란, 쉽게 말해서 마치 주식과 똑같이 수시로 사고파는 '테마주 세트'입니다. 테마주라고 하니까 우리나라 증시에 자주 거론되는 정치 테마주 같은 것들이 떠올라 꺼려진다는 분들이 계실 수도 있는데요.

정말 단어 그대로 자산운용사가 일정한 주제를 잡아서 거기에 맞는 주가지수나 개별 기업들을 모아서 일종의 투자 꾸러미를 만든 것이라고 보면 됩니다. 예를 들어 비만 치료제나, 인공지능, 명품, 금 등등 다양한 테마의 ETF가 있어요. ETF 수익률은 여기에 포함된 지수나 기업들 주가를 따라갑니다.

말이 나온 김에 더 짚고 넘어갈게요. 상장지수증권Exchange Traded Note, ETN은 ETF와 유사한 상품입니다. 이름에서 알 수 있듯이 ETN은 채권note의 성격을 가지고 있습니다. 일반 투자자 입장에서 ETF와 ETN은 비슷한 점이 더 많은데요. 그래서 이 둘을 합쳐서 부르고 싶다면 보통 상장지수상품Exchange Traded Product, ETP이라고 부릅니다. ETF와 ETN의 차이는 간단히 표로 정리해볼게요.

ETN과 ETF의 차이점

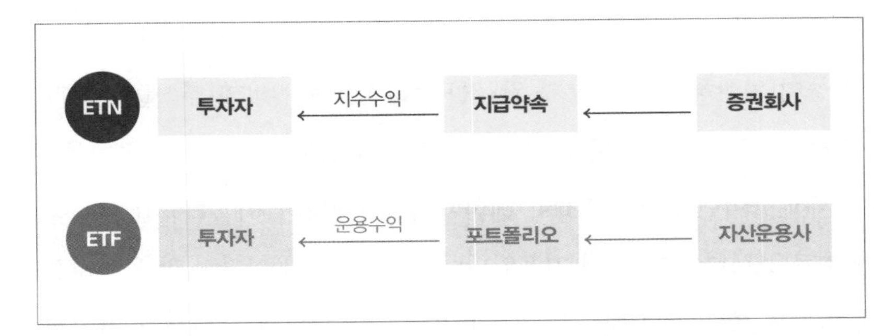

ETN과 ETF 비교

<table>
<tr><th colspan="3">구분</th><th>ETN</th><th>ETF</th></tr>
<tr><td rowspan="3">공통점</td><td colspan="2">상품유형</td><td colspan="2">지수추종형 상품</td></tr>
<tr><td colspan="2">시장관리</td><td colspan="2">거래소 상장 상품</td></tr>
<tr><td colspan="2">수익구조</td><td colspan="2">기초자산 가격 변화 추종형 선형 수익구조
(단 ETN 일부 옵션 상품 제외)</td></tr>
<tr><td rowspan="8">차이점</td><td colspan="2">법적성격</td><td>파생결합증권</td><td>집합투자증권</td></tr>
<tr><td colspan="2">발행주체</td><td>증권사</td><td>자산운용사</td></tr>
<tr><td colspan="2">신용위험</td><td>있음</td><td>없음(신탁재산으로 보관)</td></tr>
<tr><td rowspan="3">기초 지수</td><td>성격</td><td>맞춤형 지수</td><td>시장추종형 지수</td></tr>
<tr><td>구성 종목수</td><td>5종목 이상</td><td>10종목 이상</td></tr>
<tr><td>제한 영역</td><td>시가총액 가중 방식의
시장대표지수, 섹터 지수</td><td>-</td></tr>
<tr><td colspan="2">상품구조</td><td>약정된 기초수익 제공</td><td>운용 실적 등에 따라 수익 다름</td></tr>
<tr><td colspan="2">만기</td><td>1년~20년</td><td>없음</td></tr>
</table>

출처: 신한투자증권

우리가 개인 투자자 입장에서 확실히 알아둘 점을 두 가지만 정리하면요. 첫째, ETN은 채권 성격이 있기 때문에 이것을 발행한 증권사 등이 파산하는 경우 투자 원금을 돌려받을 수 없습니다. 둘째, ETF나 ETN 모두 투자할 때 괴리율을 주의해야 합니다.

괴리율이란 ETF나 ETN 종목의 시장 가치와 실제 가치 간 차이를 비율로 표시한 투자 위험 지표입니다. 시장 가치란 간단히 말해 주가를 말하고요. 실제 가치란 ETF와 ETN이 투자하는 대상 자체의 가치를 말합니다. ETF는 순자산 가치NAV, ETN은 지표 가치라고 표현합니다.

괴리율이 언제 문제 되느냐 예를 들어볼게요. 2021년 4월 국제 유가가 마이너스가 되는 사상 초유의 사태가 벌어진 적이 있습니다. 유가가 계속 떨어지니 사람들이 반등을 기대하고 원유 ETF나 ETN을 사들였는데 오히려 유가가 더 하락해서 마이너스가 되어버리면 원유 실제 가치와 ETF나 ETN의 시세 간 차이가 확대됩니다. 여기서 시세는 주식으로 치면 주가에 해당하죠.

주가에 영향을 주는 기업 리스크

- **시장 리스크**: 경기 변동, 경쟁 업체 증가 등 소비 시장의 변화
- **재무 리스크**: 금리 상승에 따른 부채 부담, 환율 변동, 투자 부진 등
- **운영 리스크**: 업무 시스템 장애, 직원 관리 미흡, 외부 사건 등
- **법률 리스크**: 경영 활동을 가로막는 규제
- **평판 리스크**: 윤리적 문제, 고객 불만 등 기업의 평판 악화
- **보안 리스크**: 데이터 유출, 해킹 등

즉 괴리율이 커진다는 건데, 이런 경우 해당 ETF나 ETN이 상장 폐지될 수 있고 이에 따른 원금 손실 우려도 있습니다. 사실 마음 편한 투자를 지향하는 이 책의 취지를 생각해보면 애초에 증권사 파산이나 괴리율이 문제될 만한 종목에는 투자하지 않는 게 상책입니다.

개별 종목 vs 테마 ETF vs 지수 추종 ETF

개별 종목의 장점은 테슬라(TSLA)나 엔비디아처럼 급등하는 성장주를 잡은 경우 자산을 빨리 키울 수 있다는 점입니다. 두 종목은 조금 예외적인 사례이기는 하지만 업계 선도 기업 주식을 매수하면 아무래도 ETF보다는 더 높은 수익률을 기대할 수 있어요.

단점은 낙폭도 그만큼 클 수 있다는 겁니다. 개별 종목은 쉽게 말해 ETF에 비해 해당 기업 '개인기'에 의지하는 측면이 큰 만큼 그 기업에 한정된 개별적인 악재에 더 취약합니다. 바꿔서 생각하면 ETF의 장점은 시세가 개별 기업 주가보다 변동성이 덜하다는 겁니다. 반대로 단점은, 구성종목인 개별 기업 주가가 크게 뛸 때 그만큼 시원하게 올라주지는 못한다는 것이죠.

예로 들어볼게요. 2023년 5월 1일부터 2024년 4월 30일까지 최근 1년의 시간 동안 '사이버 보안' 대장주 팰로알토네트웍스(PANW)는 주가가 60% 가까이 뛰었습니다. 반면 팰로알토네트웍스 등 사이버보안 업계 주요 기업에 투자하는 ETF인 '퍼스트 트러스트 나스닥 사이버

시큐리티(CIBR)'는 같은 기간 40% 가까이 올랐습니다.

결과적으로 놓고 보면 그냥 팰로알토네트웍스라는 개별 기업에 투자하는 게 유리했을 겁니다. 하지만 등락폭은 ETF 쪽이 더 적기 때문에 마음 편한 투자를 하고 싶다면 ETF를 선택하는 것도 방법입니다. 다만 ETF도 특정 업종이나 테마에 투자하는 방식이기 때문에 전체 종합 주가지수에 투자하는 것보다는 변동성이 큽니다. 시세 차익을 더 낼 기회가 있고 동시에 손실을 볼 가능성도 있다는 의미죠.

예를 들어 내가 친환경 에너지 테마 ETF에 투자했는데 2021년 까지는 폭등했지만 2022년 이후부터 폭락하는 거예요. 반면 S&P 500 지수에 투자하는 ETF는 급등하진 않아도 2022년 이후 차근차근 올랐습니다. 이런 식의 차이가 있어요.

결과적으로 일단 미국 주식은 하고 싶은데 리스크는 최대한 줄이고 싶다면 그냥 종합주가지수를 따르는 ETF에 꾸준히 투자하면 됩니다. 하지만 우리의 삶은 욕망이 이끌어가죠. 리스크를 어느 정도 감수하고 싶다면 요즘 뜨는 업종이나 테마를 딴 ETF라든지 개별 기업 주식을 고르면 됩니다.

일반 투자, 인버스 투자, 레버리지 투자의 차이점

앞에서 언급한 '일반적인 투자'란, ETF나 ETN에 담긴 구성 종목들의 시세 상승을 기대하며 매매하는 것을 말합니다. 반면에 '인버스 투자'는 주가 상승이 아니라 하락에 베팅하는 방식입니다. 말 그대로 '반대'라는 의미를 가지고 있습니다. 증시가 하락장일 때, 또 어떤 기업 주가가 떨어지면 수익을 얻는 것이죠.

이렇게 거꾸로 움직이는 상품들은 종목 명에도 따로 표기가 되어 있습니다. 인버스라는 말 외에도 '약세'를 의미하는 베어Bear라든지 주식 등 기초자산 외에 선물·옵션 같은 파생상품에서 쓰는 단어인 숏Short이 따라붙는 식이에요.

유명한 인버스 ETF를 예로 들어볼까요? 나스닥 100 지수 하락에 베팅하는 ETF인 '프로셰어스 울트라프로 숏 QQQ(SQQQ)'이죠. 나스닥 100 지수 하락에 3배로 베팅하는 상품이라서 숏이라는 단어가 따라 붙었네요. 지수 말고 개별 종목 하락에 베팅하는 상품도 있습니다. 테슬라 주가 하락에 베팅하는 '디렉시온 데일리 테슬라 베어 1X 셰어스(TSLS)'라는 인버스 ETF 상품도 있습니다.

셋째는 레버리지 ETF입니다. 레버리지는 구성 종목 시세를 2배 이상으로 베팅하는 방식입니다. 개별 종목 주가나 구성 종목, 지수보다 시세 변동 폭이 두 배 이상이 되는 것이죠. 2배, 3배 상승에 베팅하는 ETF도 있고 반대로 2배, 3배 하락에 베팅하는 ETF도 있는데요. 가장 대표적인 레버리지 종목이 나스닥 100 지수 상승에 베팅하는 ETF인 '프로셰어스 울트라 QQQ(QLD)'와 '프로셰어스 울트라프로(TQQQ)'입니다. QLD 는 2배 레버리지, TQQQ는 3배 레버리지 ETF입니다.

다만 레버리지 상품은 상승장에서는 높은 수익률을 기대할 수 있지만 하락장에서는 손실도 그만큼 더 크기 때문에 '고위험·고수익 상품'이라는 점을 생각해야 합니다. 레버리지 상품은 위험하니 투자에 각별히 주의해야 한다 말이 많습니다.

주식을 시작한 지 오래되지 않았다면, 특히 아직 초심자의 행운을 누리고 있는 경우라면 겸손해질 필요가 있습니다. 우리가 투자할 때는 많이 오르는 종목이 더 눈에 들어오는 경향이 있어서 레버리지 상품을 많이 매수하는데요. 처음 몇 번은 돈이 잘 벌리는 것 같지만 이런 상품들은 하락장에서 투자자들이 인내심을 발휘하기가 힘듭니다.

낙폭이 2배 이상이기 때문에 그것을 견딜만한 자본금과 강심장이 있는 경우라면 모를까, 대부분은 하락장에서 레버리지 종목 평가 손실률을 보면서 "역시 주식은 도박이야"라는 좌절감과 함께 손절 유혹만이 남게 됩니다.

> "증시가 패닉에 빠질 때는 시장뿐 아니라
> 개인 투자자들도 스트레스 테스트를 받는다.
> 감정에 흔들리지 말라.
> 당장 현금이 필요한 상황이 아니라면
> 공황 상태에서 자산을 팔지 않는 것이 최선의 전략"
>
> - **드루브 아로라**Dhruv Arora 온라인 자산운용사 사이프Syfe의 최고경영자CEO

미국 주식 투자, 어떻게 해야 할까?

미국 주식 투자 방법은 크게 두 가지가 있습니다. 첫째는 장기 투자, 둘째는 단기 매매입니다. 단기 매매는 쉽게 말해 '단타'라고 표현하곤 합니다. 하루 혹은 일주일 내 수시로 매매하는 경우로만 한정해서 생각해볼게요. '초단타'라는 말처럼 초 단위나 분 단위로 매매하는 것은 전업 투자자들 중에서도 잘하는 사람이 많지 않습니다.

평균적으로 봤을 때 단기 매매보다는 적립식 매수가 수익률 측면에서 성과가 더 좋다는 분석도 있습니다. 하지만 우리가 단기 매매를 너무 나쁘게만 생각할 필요는 없습니다. 단기 매매를 하다 보면 세상 돌아가는 이야기, 경제 이슈와 증시 흐름 등에 대한 관심이 자연스럽게 생기거든요.

'익숙한 맛' 멜로 드라마나 '타인의 삶'만 가득한 인스타그램, 도파민 중독만 유발한다는 유튜브 숏츠에 빠진 콘텐츠 소비자로서의 시간보다는 단기 매매를 위해 이런저런 뉴스를 찾아보는 투자자의 시간이 더 의미 있고 재미있지 않을까요?

장기long-term 투자는 낙관론을 바탕으로 합니다. 증시가 출렁이는 변동장세에서 '위험자산'인 주식을 산다는 것은 단기 손실 가능성을 감수하는 결정이기는 하지만, 그럼에도 불구하고 역사적으로 볼 때 미국 증시는 우상향했기 때문에 주식을 적립식으로 매수하는 것이 결과적으로 유리한 전략이라는 전제가 따르는 거죠.

보통 얼마의 시간을 '장기'라고 봐야할지는 모두 생각이 다를 것 같아요. 요즘은 워낙 단기short-term 매매를 많이 하다 보니 특정 종목을 1년 이상만 보유하고 있어도 장기 투자 같은 느낌을 주는데 아무리 그래도 1년 이상은 보유해야 장기 투자의 문턱에 다다르는 게 아닌가 싶습니다. 다만 이 부분은 각자 판단에 맡깁니다.

장기 투자=적립식 투자?

장기 투자는 보통 '적립식 투자(매수)'로 연결되는 경우가 많습니다. 적립식 매수란, 투자 금액을 쪼개서 일정 금액만큼 정기적으로 주식을 사들이는 것을 말합니다. 적립식 매수는, 큰돈을 한꺼번에 저점 매수하는 것에 비하면 주식 평균 매수 단가가 점점 높아지고 이에 따라 평가 수익률이 낮아진다는 점이 아쉽게 느껴질 수 있는데요.

우리가 주식을 최저점에서 주식을 구매할 수 있으면 행운이지만,

아무도 이런 때를 정확히 예측할 수 없다는 현실을 받아들인다면 적립식 매수는 꽤 든든한 대안이 될 수 있습니다.

미국 투자플랫폼 스테이시어웨이StashAway의 '인사이트 2020' 보고서는 적립식 매수의 강점을 보여줍니다. 하락장에서 주식 사고팔기를 반복한 사람보다 꾸준히 투자한 사람들이 결과적으로 더 나은 성과를 냈다는 건데요.

예를 들어 미·중 무역갈등이 극에 달해 '대공황 이후 최악의 12월'이라 불렸던 2018년 12월, 평균 4.1일 동안 주기적으로 주식을 몽땅 사고판 '충동적 투자자'들은 2.28% 손실을 봤고, 평균 4.9일 주기로 접속해 부분적으로 주식을 사고판 '손실 회피형 투자자'들은 0.44% 이익, 평균 9.5일 주기로 접속해 원하는 시기에 주식을 사들인 '불규칙 매수자'들은 10.34% 이익, 평균 8.4일 주기로 접속해 자신의 기존 계획대로 꾸준히 주식을 사들인 '기계적 투자자'들은 10.85% 이익을 봤다고 합니다.

적립식 매수도 매달 혹은 분기마다 기계적으로 일정 금액씩 정해서 추가 매수하느냐, 아니면 유연하게 상황을 봐가며 추가 매수하느냐 방법의 차이가 있습니다. 나는 정말 최소한으로만 신경 쓰고 싶다는 쪽이면 기계적으로 매수하는 편이 좋고, 내가 미국 증시나 세상 돌아가는 일에 관심이 있고 조금 적극적으로 나서고 싶다하는 쪽이면 증시가 약세일 때마다 조금씩 사서 모으는 쪽이 잘 맞겠죠?

장기 투자를 준비하는 방법은 제각각일 것 같습니다. 다만 시드머니를 만들어둬야 하겠죠? 일례로 저 같은 경우에는 미국 주식 적립식 매수를 시작하는 단계라면, 앞으로 투자를 위해 월급 3~6개월 치를 저축하는 작업이 먼저 필요하다고 생각합니다. 어떤 데이터 분석에 따른 것은 아니니 이 부분은 각자 판단하면 됩니다.

장기 투자가 답답하고 지루하게 느껴진다는 사람도 있습니다. 하지만 예·적금을 생각해보면 만기가 다양하기는 해도 일반적으로 1년 이상짜리를 고르잖아요. 예·적금은 안전자산이고 주식은 위험자산이라는 점에서 자산 성격이 다르기는 합니다.

대부분의 사람들이 미국 주식을 하려는 이유가 '미국 증시가 장기적으로는 우상향하니까'라는 마음이잖아요. 이런 점을 생각해보면, 미국 주식 장기 투자를 만기가 있는 예·적금이라고 여기면 덜 답답하게 느껴질 거예요. 기관 투자자보다 상대적으로 정보나 투자 경험이 부족한 개인 투자자에게 '시기timing'보다 중요한 건 '시간time'이니까요.

> "결혼이나 내 집 마련 등 앞으로 5년 내에 돈을 꼭 써야
> 할 일이 있다면 그만큼만 주식에서 빼서 현금화하면 된다.
> 다만 퇴사까지 생각한다면 최대 2년 안에
> 꼭 써야 할 만큼만 현금화하는 것이 좋다"
>
> -**낸시 해트릭**Nancy Hetrick 스트래티직 포트폴리오 솔루션스Stractegic Portfolio 최고경영자CEO

적립식 매수 팁

흔히 금리가 오르는 건 주식 투자에 불리하다고 합니다. 쉽게 생각하면, 금리가 높아질 때는 예·적금 매력이 상대적으로 커지고요. 반면 금리 상승으로 기업들은 부채 부담이 커지고 이로 인해 수익 압박을 받게 되기 때문에 투자자들의 주식 선호도가 떨어집니다.

그렇다고 금리가 오르면 적립식 투자도 잠시 쉬어야할까요? 전문가들은 우선 주식을 매도할 때는 단기적으로 당장 필요한 돈만 현금화하고, 주식 투자로 큰돈 벌겠다는 욕심 대신 현실적인 기대 수익률을 정하라고 조언합니다. 2020년 3월, 미국 증시가 코로나 19로 인해 바닥을 찍었을 때 이 조언대로 꾸역꾸역 적립식 매수를 하면서 버텨냈다면 큰돈을 벌 수 있었겠죠.

기본적으로 적립식 매수는 당장은 힘들어도 조금 더 먼 미래에는 상황이 좋을 것이라는 낙관론이 있어야 할 수 있습니다. 그러니까 내가 비관론자에 가깝다면 적립식 투자는 잘 맞지 않을 수도 있어요.

미국 주식 3단계

일단 미국 주식을 하나 사본 후 투자를 본격적으로 시작해야겠다고 마음먹었다면, 주가지수를 따르는 ETF 적립식 투자를 감히 추천합니다. 주식이란 게 위험 자산이기는 하지만 그래도 안정적인 첫 발을 내딛고 싶을 때는 ETF 적립식 투자가 효과적입니다. 무엇보다 아직 내가 경제에 대해 크게 관심이 없다면요. 따로 경제 공부를 하지 않고 그저 적금하듯이 매달 일정 금액을 아무 고민하지 않고 수익률을 내고 싶다는 정도라면 주가지수를 따르는 ETF가 무난합니다.

그런데 우리가 조금 더 솔직해지자면, 마음속으로는 리스크를 조금 더 떠안더라도 투자 수익을 높이고 싶은 경우가 대부분입니다. 그런 경우에는 두 번째 단계로 인공지능이나 비만 약 같이 유행하는 산업 트렌드라든지 고배당주 등등 주제가 있는 테마형 ETF에도 일정 부분 투자해야 합니다.

세 번째 단계는 테마형 ETF가 아닌 개별 기업 투자인데요. 보통 개별 기업 투자는 배당을 많이 주는 고배당주나 당시 시대 상황이나 산업 트렌드상 뜨는 업종 내 1~2등 기업 주식을 골라서 매수해두면 대체로 무난한 투자 전략이 됩니다.

다만 시장이 아직 초기 단계일 때는 그 업계에서 1등 기업이라 하더라도 언제든 따라잡힐 수 있다는 점을 염두에 두면 좋습니다. 일례로 마이크로소프트와 테슬라는 둘 다 대형 기술 기업으로 꼽힙니다. 마이크로소프트도 새로운 산업 트렌드 속에서 알파벳이나 아마존 등 다른 기업과 경쟁을 하지만 소프트웨어 업계에서 입지를 이미 굳힌 회사죠. 반면 테슬라의 경우, 역시 친환경 시대를 여는 전기차 시장 선도 기업인 건 맞습니다. 하지만 전기차 시장 자체가 2024년을 기준으로 본격적인 팽창 단계는 아닌 초기 단계이다 보니 기업 간 추월이 이뤄지고 있습니다.

세계 최대 전기차 소비지인 중국에서 비야디BYD나 샤오미 같은 중국 기업들이 앞다퉈 저가 전기차를 내놓으면서 테슬라 시장 점유율을 밀어내는 식이죠. 이런 이유로 테슬라 주가는 2024년 상반기에도 낙폭이 두드러졌는데요. 아무리 1등 기업이라 하더라도 업종 자체가 긴박한 변화가 이뤄지는 단계라면, 그저 믿고 투자하기에는 무리가 있다는 점을 강조하고 싶습니다.

정리해보면, 미국 주식 첫 단계는 주가지수 추종형 ETF로 시작하고 두 번째 단계는 테마형 ETF, 그런 후 세 번째 단계는 개별 종목 투자로 나간다면 처음부터 개별 종목에 투자하는 것에 비해 안정적으로 주식 투자를 할 수 있습니다.

가장 중요한 시작점은 나의 투자 선호 혹은 투자 목적을 분명히 하는 일입니다. 보통은 사람의 생애주기에 맞춰 연령대 별로 투자 조언이 나옵니다. 20~30대 청년층은 장기적인 관점에서 주가지수 ETF에 투자하되 적극적으로 원하는 업종을 골라 투자하는 전략을 택하라고 하고요. 또 나이가 들수록 배당주나 채권 비중을 늘리라는 식인데 일반적으로 좋은 방법이라고들 합니다.

하지만 우리의 삶은 20~30대, 40~50대, 60~70대 이렇게 나이대로 묶기에는 너무나 다양하잖아요. 각자 상황이 너무 달라서 어떤 투자 전략이 옳을지, 또 어떤 종목이 적합할지는 스스로 판단하는 게 정신 건강에도 유리한 것 같습니다.

사람은 남의 조언보다는 '자기가 직접 선택한 일'에 대해서 조금 더 관심을 가지고, 부침이 있을 때에도 더 인내심을 발휘한다고 합니다. 미국 주식도 늘 오르는 것만은 아니기 때문에 반등이 올 때까지 하락장을 잘 버티기 위해서는 자기 상황에 맞는 미국 주식을 고르는 것이 중요합니다.

어느 정도 투자 경력이 쌓이면 자신에게 맞는 업종이나 투자 방식이 생깁니다. 이런 경우는 단기 매매를 해도 나쁘지 않다고 생각합니다. 미국 주식으로 얻고 잃어본 경험을 통해 스스로의 한계를 어느 정도 알고 있는 사람은 시장의 소음에 크게 휩쓸리지 않기 때문입니다.

여기에서 투자 경력이라 함은 사람마다 서로 다르게 생각할 것 같습니다. 저 같은 경우 최소한 5년 이상은 미국 증시에서 주식을 사고팔아본 경험이 있어야 한다고 생각합니다. 일례로 2020년 코로나 19 대유행을 전후한 시기 미국 증시 패닉과 V자 반등, 이후 2022년부터 증시 출렁임 등 시장의 굴곡을 고스란히 경험해보려면 최소한 5년은 좌충우돌해봐야 단기 매매에 대한 자신만의 기준이 서는 것 같더라고요.

> "지난 2020~2021년 미국 증시 V자 반등 때와 같은
> 극적인 상황만 꿈꾸지 말고
> 현실적인 기대수익률을 세운 후 꾸준히 투자하라"
>
> **- 도널드 칼캐니**Donald Calcagni 메르서자문Mercer Advisors 최고투자책임자CIO

PART 3

알겠으니까, 무슨 종목 어떻게 사면 돼?

자산을 '벌크 업' 하고 싶을 때:
성장주에 투자하기

배당주보다는 시드 머니 자체를 '벌크 업bulk up'하듯 조금 더 빠른 시일 내에 빵빵하게 키우고 싶은 경우가 있습니다. 단기 매매로 큰돈 벌겠다는 욕심을 일단 내려놓으면 성장주 적립식 매수가 눈에 들어옵니다.

성장주는 주가 하락에 따른 투자 원금손실 위험이 크기는 하지만요. 대신 주가가 오를 때는 더 빠르게 뛰는 경향이 있어서 그만큼 돈을 더 빨리 불릴 수 있다는 점이 매력 포인트입니다. 성장주에 투자하면, 내가 글로벌 산업 트렌드를 이끌어간다는 왠지 모를 흐뭇함이 들기도 해요.

성장주와 가치주

주식시장은 투자 심리가 중요해서 그런지 표현을 긍정적으로 해주는 경우가 많습니다. 성장주와 가치주가 대표적인데요. 성장주는 지금 당장의 매출·이익보다는 훗날의 실적이 훨씬 더 기대되는 기업 주식을 말합니다. 성장주는 일반적으로 현재 주가가 지금 당장의 기업 가치보다 높게 거래되는 경향이 있는데요. 성장주가 꿈을 먹고 사는 주식이라고도 할 수 있을 만큼 투자자들이 미래를 기대하고 주식을 사기 때문에 그렇습니다.

올해 유망한 업종이나 기업이 내년에도 그러리라는 보장이 있는 것도 아닙니다. 2021년까지 인기를 끈 코로나 19 백신과 메타버스Metaverse는 2022년에 접어들면서 빠르게 투자 관심이 사그라들었죠. 또 성장 기업들 주가는 투자자들의 심리 변화에 따라 더 민감하게 오르내리기 때문에 투자 리스크가 상당히 큰 편입니다. 투자 리스크가 크다는 건 내가 힘들게 번 돈, 원금 손실 가능성이 높다는 의미이겠죠.

무엇보다 성장주는 지금 시점에서 그 기업의 가치에 대해 명확하게 판단하기 힘들기 때문에 '주가에 거품이 끼었다'는 지적과 함께 주가 고평가 논란이 늘 따라붙습니다. 그럼에도 불구하고 성장주가 늘 관심을 끄는 이유가 있습니다. 주식시장 분위기가 좋을 때, 그리고 특정 업종이 유망 산업으로 뜨면서 투자자들이 앞다퉈 그 주식을 사들이면서 주가가 급등을 넘어 폭등하기 때문입니다. 2019~2022년의 테슬라가 가장 대표적인 사례이죠. 2020년 1월부터 2022년 11월까지

회사 주가는 무려 1,279% 뛰었습니다.

반면 가치주는 현재 기업의 주가가 그 기업의 실제 가치보다 더 낮다고 판단되는 주식을 말합니다. 뒤집어 말하면 그 기업의 실제 가치가 현재 주가가 더 높다는 의미인데요. 성장주가 고평가 논란에 시달린다면 가치주는 저평가 아쉬움이 따라붙습니다.

투자의 귀재로 유명한 버크셔해서웨이Berkshire Hathaway의 워런 버핏Warren Buffett 회장은 성장주보다는 가치주를 선호하는 가치 투자로 유명하죠. 시간이 흐르면 주가가 실제 가치에 부합하는 수준으로 오를 것으로 보이는 종목을 골라서 투자하는 겁니다.

가치주는 이미 기업에 대한 가치 평가가 어느 정도 쌓였을 정도로 그 기업이 속한 산업이 성숙기에 접어든 경우가 많습니다. 그렇기 때문에 특히 증시가 상승장일 때 주가가 성장주보다 느리게 오르는 듯한 아쉬움을 주기도 합니다. 예를 들어볼까요? 미국 대형 이동통신사인 버라이존은 배당주로 통합니다. 2024년 4월을 기준으로 배당 수익률은 6.5% 정도여서 3%를 훌쩍 넘습니다.

배당 성장률을 보면요. 최근 10년 간 배당금을 연평균 약 2.3%씩 올렸고, 최근 5년으로만 봐도 코로나 19 대유행을 딱 전후한 이 시기에 배당 성장률이 9%에 달했습니다. 그 결과 배당 성향도 95%에 달하네요. 다만 버라이존 주가는 2024년 4월 22일을 기준으로 최근 5년 간 주가가 30% 떨어졌습니다.

반대로 배당 수익률이 상대적으로 낮은 마이크로소프트를 보겠습니다. 2024년 4월을 기준으로 전 세계 시가총액 1위 기업인 마이크로소프트는 배당 수익률이 0.75%입니다. 버라이즌보다 훨씬 낮은 수준이네요. 배당 성장률을 보면요. 최근 10년 간 배당금을 연평균 약 11% 올렸습니다. 배당 성향은 약 25%입니다. 마이크로소프트의 주가는 2024년 4월 22일을 기준으로 최근 5년 간 주가가 210% 가까이 올랐습니다.

여러분이라면 어느 종목에 투자하고 싶으신가요? 기본적으로 내가 시드 머니를 크게 불리고 싶다면 아무래도 마이크로소프트에 눈이 가겠죠. 물론 마이크로소프트는 이미 세계 최고의 기업이기 때문에 성장 기업이라는 단어가 전혀 어울리지 않게 느껴질 수도 있습니다. 그렇지만 아마존을 비롯해 '구글의 모기업' 알파벳 등이 속한 기술 업종이 여전히 확장을 거듭하고 있어서 기술 업종 자체가 성장 산업으로 통합니다.

지금까지 이야기를 정리해볼게요. 성장주라고 해서 주가가 늘 달리라는 법은 없습니다. 주가 변동성이 배당주에 비해 큰 편이기 때문에 빅테크 종목 중에서 상대적으로 주가 흐름이 안정적인 종목에 투자하는 것도 좋은 방법입니다.

그리고 내가 매달 들어오는 현금 흐름 만들기에 우선순위가 있다면 배당주(ETF 포함)에 투자하는 게 더 직접적인 투자 방식입니다. 다만 배당 수익률은 높은데 시세 하락폭이 매우 큰 종목이라면 투자를 피하고, 시세도 어느 정도 방어가 되는 종목을 고르기 위해 노력해야 하겠죠. 우리가 처한 상황, 그러니까 투자 목적에 따라 배당주에 비중을 둘지 성장주에 주력할지 달라지게 됩니다.

투자금은 한 달에 10만 원, 50만 원 혹은 100만 원 등등 각자의 사정에 맞춰서 정하면 됩니다. 매수 시점은 매달 월급이 25일에 들어온다면, 기계적으로 월급 다음 날인 26일에 일정 금액만큼 사두는 것도 방법입니다.

아니면 시세가 많이 떨어지는 날에 집중적으로 매수하는 것도 좋아요. 다만 이런 방식은 아무래도 미국 증시에 대해 잘 모르는 투자자들보다는 시황을 거의 매일 들여다보거나 관련 뉴스를 자주 확인하는 습관을 가진 투자자들이 확실히 유리합니다.

기술주와 10년 만기 국채 수익률

우리나라 투자자들은 대체로 성장주 중에서도 기술주를 선호하는 경향이 두드러지는데요. 관련해서, 조금 어려울 수 있지만 알아두면 좋은 기술주 투자 팁 하나를 이야기해볼까 합니다.

2023년 10월 어느 날, 문득 미국 증시가 급락한다는 뉴스가 들렸습니다. 대표 주가지수인 스탠더드앤드푸어스S&P 500 지수와 나스닥 100 지수가 8거래일 만에 각각 5%, 7% 넘게 떨어졌죠. 특히 한국 투자자들이 선호하는 기술주들 낙폭이 두드러졌습니다. 나스닥 100 지수는 사실상 거의 기술주 위주로 구성돼있어서 그런지 낙폭이 더 컸습니다. S&P 500 지수만 해도 '매그니피센트 7M7'으로 불리는 7대 기술주 비중이 30%에 달하고요.

참고로 매그니피센트 7이란 미국 증시를 이끄는 7개 간판 기업을 말합니다. 미국 애플과 마이크로소프트, 엔비디아, 구글 모기업인 알파벳, 아마존, 메타, 테슬라를 통틀어 말하죠. M7이라는 명칭은 지난 2023년 뱅크오브아메리카BoA의 마이클 하트넷 수석 투자전략가가 미국 증시 상승장을 이끄는 기업들을 한 단어로 표현하기 위해 1960년대에 유명했던 미국 서부 영화 〈황야의 7인〉에서 빌려왔다고 해요. 하트넷 수석 전략가는 M7 기업들의 공통점으로 몇 가지를 꼽았는데 그 중 대표적인 것이 업계 내 독점적 지위, 가격 결정력, 장기 수익성, 인공지능 투자 역량 등입니다.

그런데 이렇게 탄탄하다고 평가받는 M7을 포함한 기술주들이 2023년 10월 들어 너무 단기에 급락해버린 겁니다. 미국 증시는 우리나라 증시와 달리 주가가 상·하한 제한 없이 움직이다보니 5~7% 정도 변동률이 크지 않은 것처럼 느껴질 수 있습니다.

미국 주가지수가 한 달에 5% 하락해도 투자자들이 불안해하는데, 주가 내려가는 속도가 심상치 않았죠. 개별 종목은 상황이 더 심각했습니다. 한국 투자자들 사이에서 매수 인기 1위 종목인 테슬라 주가는 8거래일 만에 19% 가까이 급락했습니다.

투자자들을 혼란에 빠뜨린 이 기술주 급락 사태, 대체 주범은 무엇이었을까요? 바로 미국 10년 만기(10년물) 국채 수익률 급등 사태였습니다. 10년물 국채 수익률과 기술주 주가 간 관계는 미국 증시에서 자주 언급되니까 짚고 넘어갈 만합니다.

국채나 회사채 같은 채권은 정부·공공기관이나 기업이 은행이 아닌 투자자들에게 자금을 빌릴 때 발행하는 증서 같은 겁니다. 채권을 발행하는 입장에서는 '나에게 얼마를 빌려줘. 그러면 언제까지(만기) 갚을게. 네가 돈을 공짜로 빌려줄 리 없으니 대신 내가 일정 수준으로 정해진 이자(액면 금리)를 쳐줄게'라는 내용을 담은 채권을 판매합니다. 채권을 발행해서 판매해야 하니 가격(액면 가격)도 있어요.

채권이 시장에 나오면 투자자들이 사고팔아서 손 바뀜이 이뤄집니다. 그러는 동안 채권 가격은 수요공급 원리에 따라 달라지고 가격에 따라 채권 수익률도 달라지는 거죠.

지난 2023년 10월 25일, 미국 10년 만기 국채 수익률은 장중 5%를 노크했고 결과적으로는 연 4.95%에 거래를 마쳤습니다. 8거래일 만에 수익률이 16bp(=0.16%p) 뛴 거죠. 그러는 동안 S&P 500 지수와 나스닥 100 지수가 앞에서 언급한 만큼 급락했던 겁니다.

여기서 두 가지 질문이 생깁니다. 첫째, "10년물 국채 수익률이 올랐는데 왜 기술주가 떨어져?" 싶은 거죠. 비슷한 질문이기는 한데, 두 번째로는 국채와 테슬라 같은 기술주가 대체 무슨 상관인가 싶지 않나요?

10년물 국채 수익률이 올랐는데 빅테크 주가는 왜 떨어질까?

미국 10년 만기 국채 수익률은 '시중 장기 금리 가이드라인' 역할을 합니다. 10년물 국채 수익률이 급등하면 시중 장기 금리도 덩달아 오르는 경향이 있어요. 장기 금리라고 하면 주로 부동산담보 대출을 받을 때나 회사가 채권을 발행할 때 적용되는 금리를 말합니다.

쉽게 생각해서 금리가 오르면 개인뿐 아니라 은행 대출이나 채권 발행을 통해 자금을 끌어다 써야 하는 회사 입장에서는 부담이 커지겠죠. 특히나 신용 등급이 낮은 기업들이 힘들어집니다. 사람이나 회사나 비슷한 셈입니다.

그런데 주로 어떤 회사가 신용 등급이 낮은가 하면 성장 산업에 속한 기업들, 대표적으로 기술 기업들이 그렇습니다. 성장주들은 꿈을 먹고 산다고 하잖아요. 꿈은 현실이 아니니까 돈을 빌릴 때는 현실의 벽에 세게 부딪히곤 합니다.

금리가 오르면 자금을 끌어오는 것 자체가 힘들어지고, 빌린 돈에 대해서도 갚아야 하는 이자 부담이 커집니다. 투자자들은 회사 매출에 비해 이자 부담이 더 크게 늘어난다면 그 회사의 사업 수익성이 떨어질 수밖에 없을 것이라고 판단해서 기술주를 앞다퉈 내다 파는 '경향'이 있습니다. 결과적으로 10년물 국채 수익률이 급등하니 기술주 주가가 급락하게 되는 셈입니다.

누군가는 이런 생각을 할 수 있습니다. '아니 기술 기업들이 돈 끌어오기가 그렇게 힘든가?' 우선 테슬라를 예로 들어볼게요. 전기차 업계 1위를 달렸고 자동차 업계를 통틀어 1등 기업으로 꼽혔지만, 자본의 세계는 냉혹합니다. 글로벌 신용평가사 무디스는 2023년 3월 테슬라의 신용 등급을 투자 주의 등급에 해당하는 'Ba1'에서 투자 적격 등급에 해당하는 'Baa3'로 한 단계 상향했다고 밝혔습니다.

테슬라는 이미 2020년 7월 전 세계 자동차 업계 시가총액(시총) 1위 기업인 일본 도요타 시총을 추월했고 같은 해 12월에는 미국

S&P 500 지수에 편입되었습니다. 이런 회사조차 간신히 투자 등급으로 들어온 것이죠.

테슬라는 무섭게 빠른 속도로 성장한 얼마 안 되는 사례라는 점을 감안하면 다른 성장 기업들은 은행 대출이나 채권 발행을 통해 돈을 끌어올 때 이자 비용 부담이 얼마나 클지 짐작할 수 있습니다. 실제로 이후 피스커나 루시드, 리비안 같은 신생 전기차 기업들이 고금리 때문에 자금난에 시달렸어요.

그렇다면 미국 10년물 국채 수익률과 기술주 주가는 어떤 관계일까요? 사실 반드시 어떤 상관관계가 있는 건 아닙니다. 코로나 19 대유행 여파가 있었던 2021~2023년, 금융 시장이 워낙 불확실하게 움직이기는 했지만 10년물 국채 수익률이 올라가도 기술주 주가는 그냥 쭉 오른 적도 적지 않습니다. 일례로 2024년 첫 거래일인 1월 2일부터 같은 해 2월 29일까지 미국 10년물 국채 수익률은 30bp(=0.30%p) 올랐습니다. 하지만 같은 기간 나스닥 100 지수는 9% 뛰었습니다.

이렇게 10년물 국채 수익률과 기술주 주가 간의 관계가 항상 정해져 있는 건 아닙니다. 다만 우리가 개인 투자자 입장에서 생각해볼 만한 건, 증시가 분위기 좋은 상승장일 때는 다 같이 오르니 10년물 국채 수익률에 크게 연연할 필요가 없다는 겁니다. 반대로 하락장일 때 10년물 국채 수익률 움직임을 같이 보면 기술주를 살지 혹은 팔지 판단하는 과정에서 불안한 마음을 관리하는 데 도움이 됩니다. 투자를 할 때는 어떤 뉴스나 주변의 호들갑에 흔들리지 않는 마음이 중요하기 때문에 그렇습니다.

채권 금리와 채권 수익률 구별해서 생각하기

둘째는 '국채 수익률이 급등하면 좋은 게 아닌가?' 싶을 수 있습니다. 보통 수익률이 높으면 좋습니다. 그런데 채권은 조금 사정이 다릅니다. 수요 측면에서, 미국 연준이 기준 금리를 올리는 바람에 채권에 미리 적힌 이자(액면 금리)보다 시중 금리가 더 금리가 올랐다면 채권은 투자 매력이 떨어지고 수요도 줄어듭니다. 채권을 가지고 있어봐야 시중 금리보다 못한 이자를 받게 될 수 있으니까요.

그래서 채권을 팔겠다는 사람이 늘어나면 가격은 떨어지게 됩니다. 대신 채권 액면 금리는 그대로인 와중에 가격만 더 떨어졌으니, 채권 수익률은 올라가게 됩니다. 더 싼 가격에 채권을 사서 동일한 이자를 받을 수 있으니까요.

한편 공급 측면에서, 연준과 상관없이 미국 정부가 재정 지출을 늘리고 싶어서 국채를 더 발행한다고 해볼게요(연준은 기준 금리를 그대로 뒀지만 재무부가 국채 발행을 늘렸던 2023년 10월 상황입니다). 국채 수요는 큰 변화가 없는데 공급이 확 늘어난다면 국채 가격도 떨어질 수밖에 없겠죠. 가격은 떨어져도 액면 금리는 그대로이니 상대적으로 국채 수익률은 오르게 됩니다.

그래서 국채를 비롯한 채권은 가격이 오르면 수익률은 떨어지고, 가격이 떨어지면 수익률은 오르게 됩니다. 이러나저러나 채권에 적힌 만기나 액면 금리는 그대로인데 시장에서 사고 팔리는 시장 가격과 수익률만 달라진다고 생각하면 간단해요.

간혹 언론사 뉴스에서 '국채 금리'와 '국채 수익률'을 같은 개념으로 섞어 쓰는데요. 국채 수익률이 시중 금리 가이드라인 역할을 하기도 해서 그렇습니다. 하지만 현실에서 '아이셰어스 만기 20년 이상 국채 ETF(TLT)' 같은 채권 관련 상품에 투자하는 실전 투자자라면, 채권 금리와 수익률을 분리해서 생각해야 헷갈리지 않습니다.

마음 편히 리스크를 줄이고 싶을 때:
ETF의 세계

미국 주식을 마음 편하게 하고 싶다고 말하면 전문가들마다 하나 같이 ETF 적립식 매수를 추천합니다. 개별 종목은 기업 상황에 따라 주가 급등락이 심한데요. 반면 ETF는 여러 종목에 분산 투자하는 방식이어서 상대적으로 개별 기업 리스크가 덜하기 때문입니다.

요즘은 'ETF의 시대'라고 하잖아요. ETF는 비슷한 상품이 너무나 많습니다. 자산운용사들도 많고 브랜드도 많습니다. 투자 대상은 거의 같은데 브랜드만 다른 경우가 많아요. 업종별로 혹은 다른 주제(테마)별로 관련주를 묶어둔 상품의 경우는 시장 분위기를 타는 것이 중요합니다. 어제의 승자였던 전기차가 오늘은 패자가 되기도 하고, 어제의 패자였던 바이오 관련주가 오늘의 승자가 되기도 하거든요. 다만 투자 트렌드는 워낙 자주 바뀌기 때문에 책보다는 뉴스를 확인하는 것이 훨씬 유리합니다.

미국 증시에서 S&P 500 지수를 따르는 간판 ETF도 이미 세 개가 넘고요. 업종별로 보면 반도체라든지 바이오, 부동산 신탁회사(리츠)를 테마로 한 ETF도 여러 개가 있습니다. 이 책을 읽으시는 동안에도 새로운 ETF들이 출시를 앞두고 있을 거예요.

다만 우리 투자자 입장에서는 겉보기에는 비슷한 ETF 중에서 하나를 골라 투자하기 때문에 선택 기준이 필요한데요. 딱 세 가지만 꼽으면 ❶ 해당 ETF의 자산운용규모asset under management 혹은 자산운용사의 평판 ❷ 운용 수수료expense ratio ❸ 시세 상승률 정도를 들 수 있습니다.

첫 번째 ETF 선택 기준은 자산운용사의 규모 혹은 평판입니다. ETF는 자산운용사가 크고 믿을 만한 곳일수록 상장 폐지 등의 리스크가 줄어듭니다. 말이 나온 김에 뉴욕 증시에서 가장 유명한, 그러니까 굴리는 돈이 가장 많은 3대 운용사와 그 브랜드도 빠르게 훑어보겠습니다.

우선 최대 자산운용사는 블랙록입니다. 아이셰어스iShares라는 브랜드로 ETF 상품을 내고 있죠. ETF 종목 이름에 아이셰어스가 들어갔다면 블랙록 계열 상품이라고 생각하면 편합니다.

그리고 또 다른 주요 자산운용사로는 뱅가드가 있어요. 이 회사는 그냥 뱅가드를 브랜드로도 쓰고 있습니다. 뱅가드는 존 보글John Bogle이 설립한 자산운용사인데 이 부분은 간단히 언급을 해야 할 것 같습니다. 보글은 "모든 주식을 소유하라"는 말을 남긴 것으로 유명하죠. 그는 바로 '인덱스 펀드'의 창시자입니다. 인덱스 펀드란 쉽게 말해 종합 지수를 그대로 따르는 펀드를 말합니다. 펀드 수익률이 S&P 500

지수 같은 주가지수를 자동으로 따라가게 설계한 상품입니다.

지금은 'SPDR S&P 500 트러스트 ETF(SPY)'가 지수 추종형 ETF, 그러니까 인덱스 펀드 형식의 ETF 대장주처럼 통하지만 사실 ETF에 앞서 인덱스 펀드라는 것 자체는 '인덱스 펀드의 아버지' 존 보글이 생각해냈죠. 보글은 1974년에 뱅가드를 설립했고 이듬해에 인덱스 펀드를 출시했는데 그게 바로 S&P 500 지수 추종 펀드였습니다.

투자자들이 월가 펀드 매니저에게 고액 수수료를 줘가면서 투자 포트폴리오를 짜던 당시, 낮은 수수료로 뉴욕 증시 대표 지수 상승률에 맞먹는 수익을 내는 보글의 인덱스 펀드는 패러다임 전환을 일으킨 상품이었다고 해요.

보글이 만든 인덱스 펀드는 엄청난 인기를 끌었고 '오마하의 현인' 워런 버핏의 극찬도 받았습니다. 일례로 2017년 3월 주주 연례서한에서 버핏은 "미국 투자자들을 위해 가장 큰 공헌을 한 사람을 기념하는 동상을 세운다면, 당연히 보글이어야 한다"면서 "나에게 보글은 영웅"이라고 평가하기도 했죠. 보글은 지난 2019년 1월, 향년 89세로 세상을 떠났지만 그가 살아있던 시절 월가에서는 보글에 대한 존경심을 담아 그를 '성스러운 존Saint John'이라고 부르기도 했다네요.

마지막 자산운용사로는 SPY를 굴리는 스테이트스트리트펀드가 있습니다. SPDR이라는 브랜드를 가지고 있죠. S&P 500 인덱스 펀드 창시자는 뱅가드의 보글이지만 지금 뉴욕 증시에서 가장 자금을 많이 끌어모은 ETF는 스테이트스트리트펀드의 SPY입니다. 보글의 S&P 500 인덱스 펀드도 엄청난 인기를 누렸는데 왜 SPY가 S&P 500 간판

ETF인 걸까요?

S&P 500 추종 ETF를 처음 생각한 사람은 미국 증권거래소 상품 개발 직원이었던 네이선 모스트Nathan Most로 알려졌습니다. 1992년 모스트는 자신의 아이디어를 들고 뱅가드를 찾아가 존 보글 회장을 만났어요. S&P 500 추종 ETF를 출시하자는 제안이었습니다. 그런데 보글 회장이 반대하는 바람에 모스트가 스테이트스트리트를 찾아가 SPY를 출시하게 된 거죠. 첫 거래를 시작한 게 무려 1993년 1월 29일인데 뉴욕 증시 기준으로 최초의 ETF라고 통합니다.

S&P 500 인덱스 펀드나 S&P 500 ETF나 투자 대상은 S&P 500 지수라는 점에서 같아요. 하지만 펀드는 매도·매수가 자유롭지 않은 반면 ETF는 펀드를 주식처럼 수시로 사고팔 수 있다는 점이 가장 중요한 차이였죠. 당시에 보글 회장은 ETF가 일명 '단타'라고 하는 단기 매매를 유발해 투자자들이 오히려 손해를 볼 수 있다는 이유를 들어 반대했었다고 합니다. 신중하고 보수적인 판단이었는데 결과적으로는 SPY가 히트작이 되면서 스테이트스트리트를 키웠고요. 나중에는 뱅가드도 부랴부랴 유사한 ETF를 내게 됩니다.

뉴욕 증시에서 ETF의 시대는 1993년 SPY의 등장을 계기로 열렸다는 평가가 나옵니다. 하지만 본격적으로 전성시대를 맞은 건 2020년, 그러니까 코로나 19 대유행이 역사적 전환점이 됐습니다. 자, 여기까지 설명을 들었다면 짐작하셨겠지요? ETF는 종목 이름 맨 앞에 자산운용사의 브랜드가 붙습니다. 우선 표로 정리해둘게요.

이미 아는 분들도 있겠지만, 복잡한 ETF 종목명 읽는 법도 간단히

미국 주요 자산운용사와 ETF 브랜드

자산운용사	ETF 브랜드	대표 ETF(티커)
블랙록	아이셰어스	아이셰어스 만기 20년 이상 미국 국채(TLT)
스테이트스트리트	SPDR	SPDR S&P 500 트러스트(SPY)
뱅가드	뱅가드	뱅가드 S&P 500(VOO)
글로벌X	글로벌X	글로벌X 나스닥 100 커버드콜(QYLD)
인베스코	인베스코	인베스코 QQQ 트러스트 시리즈1(QQQ)
찰스슈왑	슈왑	슈왑 미국 배당주(SCHD)

볼게요. 내가 종목을 읽을 줄 모른다면, 아무리 좋고 인기가 많은 ETF라 하더라도 기억에 잘 남지 않거든요.

ETF 종목을 읽는 법은 간단합니다. 뉴욕 증시에서 가장 자금 운용 규모가 크고 대표적인 상품을 예로 들어볼게요. 바로 SPDR S&P 500 트러스트 ETF(SPY)인데요. 다른 ETF도 마찬가지이지만 종목명 맨 처음에 붙는 단어는 자산운용사 혹은 그 회사의 브랜드입니다. 그러니까 SPY는 스테이트 스트리트라는 자산운용사가 SPDR이라는 브랜드를 달고 굴리는 상품입니다.

그 다음은 이 상품이 어디에 투자하는 것인지 투자 대상이 나와요. SPY는 말 그대로 S&P 500 지수를 따른다는 뜻입니다. 뒤에 붙는 트러스트라는 건 '신탁'이라는 뜻인데 ETF는 투자하는 기초 자산을 신탁사에 맡겨둔다는 점을 강조한 이름입니다.

ETF 두 번째 선택 기준으로는 운용 수수료를 고려해볼 만한데요(운용 보수 혹은 운용 비용으로도 불립니다). 운용 수수료는 1%를 밑도는 경우가 대부분입니다. 우리가 큰돈을 굴리는 고액 자산가가 아니고 월급의 일정액을 적립식 매수하는 입장이기 때문에 운용 비용 자체가 수익금을 좌우할 만큼 결정적인 걸림돌이 되지는 않습니다. 무엇보다 ETF 자체가 특정 테마에 따른 주요 기업들을 다양하게 엮어서 투자하는 상품인 만큼 차별화가 힘들기 때문에 자산운용사들 사이에서 수수료 할인 경쟁이 붙은 상태라는 점에서 수수료 부담은 줄어드는 추세인 것 같습니다.

마지막 기준으로는 시세 상승률인데요. 비슷한 테마인 ETF들은 시세 상승률도 비슷합니다. 차이가 조금 난다면 구성 종목이나 구성 종목 비중의 차이 때문인 경우가 대부분입니다. 사실 자산운용사들도 자신들이 판매하는 ETF가 서로 비슷하기 때문에 조금이라도 차별화하기 위해 노력하고 있지만, 실제로는 차별화가 쉽지 않은 모양입니다. 반대로 투자자들 입장에서는 너무 복잡하게 고민하고 고를 필요가 없다는 의미이기도 하니 선택할 때 너무 스트레스 받지는 말자고요.

ETF에도 존재하는 클래식

가장 무난한 ETF 투자 방법은 미국 증시 4대 주가지수 흐름을 그대로 따라가는 상품을 적립식으로 매수하는 것입니다. 괜히 지수 추종형 ETF가 'ETF계의 클래식'이 아니죠. 여기에서는 지수를 기반으로 한 ETF를 쭉 훑어보겠습니다.

미국 4대 주가지수는 이미 잘 알려진 '대형주 중심' 스탠더드앤드푸어스 500 지수, '기술주 중심' 나스닥 종합주가지수, '중소형주 중심' 러셀 2000 지수, 마지막으로 미국 내 30개 산업 중 각 업종을 대표하는 대형 우량주로 구성된 다우존스 30 산업평가지수입니다. 이 중 가장 자주 거론되는 지수 두 가지를 살짝 짚고 넘어갈게요.

'대형주 중심' S&P 500 지수

이 중 가장 대표적인 지수는 S&P 500 지수입니다. 명칭에서 알 수 있듯이 미국 스탠더드앤드푸어스 사가 미국 대기업 중 상장 기업인 500곳을 따로 모아서 이들 기업의 주가 흐름을 추적하는 지수입니다. 이 500개 곳 기업들 시총이 미국 상장 기업들 전체 시총의 80% 정도를 차지하기 때문에 S&P 500 지수가 가장 자주 언급됩니다.

S&P 500 지수는 S&P 합성 1500 지수 중 하나인데요. S&P 합성 1500 지수가 대형주 500곳·중형주 400곳·소형주 600곳으로 구성되는데 이 중 대형주 500곳을 따로 추려낸 것이 S&P 500 지수입니다. S&P 합성 1500 지수 중 대형주인 S&P 500 지수를 제외한 나머지 중형주 400곳을 추린 지수는 'S&P 미드캡 400 지수', 소형주 600곳을 추린 지수는 'S&P 스몰캡 600 지수'라고 부릅니다.

여러분 중에 혹시 테슬라가 2020년 12월 21일 S&P 500 지수에 편입된다는 발표가 한 달 앞서 나왔을 때 세간의 화제가 됐던 것 기억하시는 분들 계신가요? 미국 주식을 하다 보면 종종 S&P 500 지수 편입 발표가 주가 상승 '호재'라는 뉴스를 볼 수 있을 거예요.

대형주가 무엇인가 따지는 기준은 여러 가지가 있지만 투자자들은 일단 대부분 시총을 먼저 떠올립니다. 우선 S&P 500 지수와 관련해 대형주라고 할 때는 2024년 1월 2일 기준 시총이 158억 달러 이상이어야 합니다.

그 다음으로 어떤 기업이 S&P 500 지수에 편입되기 위해서는 네 가지 조건이 있습니다. 첫째, 기업의 본사가 미국에 있어야 합니다. 둘째, 거래량 측면에서 6개월 간 25만 주 이상이 거래되어야 하고요. 셋째, 재무 건전성 측면에서 최근 4개 분기 사업 이익이 흑자여야 합니다. 넷째 '유동 주식 비율'이 0.75 이상이어야 합니다. 유동 주식 비율이란 상장 주식 수 대비 실제 거래 가능한 주식 수의 비율을 말하는데요. 주식을 상장하기는 했지만 이 중에서도 대주주 보유 등의 이유로 유통이 제한된 주식(비유동 주식)이 너무 많은 기업은 어느 정도 걸러내겠다는 취지입니다.

이밖에 대형주 중심의 주가지수로는 다우존스 30 산업평균지수도 있습니다. 이름에서 알 수 있듯이 다우존스 사가 미국 30개 정도 되는 대형 우량기업 주가 흐름을 추적하기 위해 만든 지수예요. 다만 시간이 흐를수록 빅테크(대형 기술 기업) 영향력이 커지기도 하고 기업 수도 늘어나다 보니 다우존스 30 산업평균지수는 최근 들어 S&P 500 지수나 나스닥 100 지수에 비해 지수로서의 주목도가 떨어지는 편입니다.

'기술주 중심' 나스닥 종합주가지수와 나스닥 100 지수

나스닥 종합주가지수는 나스닥증권거래소 운영자인 미국증권업

협회가 산출합니다. 그런데 나스닥이라는 이름이 들어간 지수 중에서 우리에게 더 익숙한 지수가 또 있죠? 바로 나스닥 100 지수입니다. 이 지수는 나스닥거래소에 상장된 100대 기술 기업 주가를 추적한다고 보면 쉽습니다. 나스닥 거래소에 상장하는 기업들이 주로 신생 기술 기업인데 이 중에서도 부동산·금융 부문 등을 제외하기 때문에 나스닥 100 지수는 기술 기업 비중이 높은 편입니다.

나스닥 100 지수는 나스닥 종합주가지수 포함 기업 중에서도 시가총액과 거래량 등을 기준으로 100개 주요 종목을 추려내 구성한 지수인데요. 나스닥 100 지수의 경우 외국에 본사를 둔 기업이더라도 미국 증시에서 미국 주식예탁증서ADR가 거래되는 기업이면 지수에 포함될 수 있습니다. 하지만 리츠(부동산 신탁사)나 금융 부문은 미국에 본사를 둔 기업이라도 제외하는 식으로 업종 제한을 두고 있습니다.

미국 주식예탁증서American Depositary Receipts, ADR 이름이 조금 복잡하죠? 우리가 미국 증시에서 반도체 관련주에 투자하다 보면 '세계 최대 반도체 위탁생산 기업'인 대만 TSMC를 발견하게 됩니다. 종목 이름이 TSMC ADR(TSM)로 표기되어 있어요. 혹시나 ADR이 무슨 뜻인지 궁금하지 않으셨나요?

ADR이란 본사가 미국이 아닌 다른 나라에 본사를 둔 기업이 자국에서 발행한 주식 중 일부를 담보로 은행을 통해 증서를 발행한 후 이를 미국 증시에 상장한 것을 말합니다. 주식처럼 거래되기 때문에 일반 투자자 입장에서는 주식과 다를 바 없습니다. 다만 미국 증시에서 기업공모IPO라든지 일반적인 상장 절차를 거치지 않고 우회 상장한 셈이어서 형식을 예금 증서로 구분하고 있습니다. 대만 TSMC의 경우 대만 증시에 상장해 있는 기업이고, 대만에 상장된 주식 중 일부를 담보로 ADR을 발행해 이것을 미국 증시에 우회 상장한 것입니다.

다만 우리가 안정적으로 가기 위해서는 중소형주보다는 대형주 위주로 투자하는 것이 좋습니다. 이왕이면 S&P 500 지수나 나스닥 100 지수를 따라가는 ETF를 매수하는 게 유리한 선택입니다.

미국 증시의 경우 이른바 빅테크 기업들이 S&P 500 지수와 나스닥 100 지수에 공통적으로 포함되어 있고 각각의 지수에서 차지하는 비중도 30%에 이를 정도로 높기 때문이에요. 다우존스 30 산업평균지수 같은 경우는 S&P 500 지수와 거의 겹치는 반면 종목 수는 적기 때문에 주목도가 떨어집니다. 각각의 지수를 따르는 ETF들을 아래 표로 정리해볼게요.

S&P 500 지수에 투자한다는 건 미국에 투자하는 것과 비슷한 효과를 낸다고들 합니다. S&P 500 지수 상장 기업들 시가 총액이 미국

미국 주요 지수와 관련 ETF

주요 지수	관련 ETF(티커)
S&P 500	SPDR S&P 500 트러스트(SPY)
다우존스 30	SPDR 다우존스 산업평균(DIA)
나스닥 100	인베스코 QQQ 트러스트 시리즈1(QQQ)
러셀 2000	뱅가드 러셀 2000(VTWO)
필라델피아 반도체	아이셰어스 반도체(SOXX)

주식시장 전체 시총의 80%를 넘기 때문에 그렇습니다. 위험을 조금 더 감수하고서라도 수익을 내고 싶다면 나스닥 100 지수를 따라가는 ETF도 함께 투자하는 것이 돈 불리기에 유리합니다.

S&P 500 ETF vs 나스닥 100 ETF, 무엇을 더 담을까?

S&P 500 ETF와 나스닥 100 ETF 간 비중을 어떻게 가져갈지 여부는 우리 각자의 투자 성향에 따라 달라지는데요. 아무래도 시세 상승률이 높은 나스닥 100 지수 쪽에 눈길이 갈 수밖에 없지만 변동성을 조금이라도 줄이려면 나스닥 100 ETF만 집중적으로 사들이기보다는 S&P 500 ETF도 함께 매수해 두는 것이 좋습니다.

미국 증시에서 가장 대표적인 S&P 500 ETF를 세 가지만 꼽는다면, SPDR S&P 500 트러스트 ETF(SPY)와 뱅가드 S&P 500 ETF(VOO) 그리고 블랙록의 아이셰어스 코어 S&P 500 ETF(IVV)입니다. 같은 지수를 추종하는 ETF들이니 수익률과 수수료는 따져봐야겠죠?

한국 증시에서도 S&P 500 지수나 나스닥 100 지수에 투자할 수 있어요. 우리나라 자산운용사들이 출시한 해외 투자 ETF들이 많습니다. 일단 간단히 표로 정리해둘게요. 국내 증시에 상장된 해외 투자 ETF들은 기본적으로 ISA 계좌로 사고파는 게 유리한 편입니다. ISA 계좌에 대해서는 마지막 장에서 자세하게 다루겠습니다.

우리나라 자산운용사들이 출시한 ETF

<table>
<tr><th>국내 S&P 500 ETF</th><th>국내 상장 미국 나스닥 100 지수 추종 ETF</th></tr>
<tr><td>ACE 미국 S&P 500</td><td>TIGER 미국 나스닥 100TR(H)</td></tr>
<tr><td>TIGER 미국 S&P 500</td><td>TIGER 미국 나스닥 100</td></tr>
<tr><td>KODEX 미국 S&P 500 배당귀족 커버드콜(합성H)</td><td>KODEX 미국 나스닥 100TR</td></tr>
<tr><td>KODEX 미국 S&P 500(H)</td><td>KODEX 미국 나스닥 100(H)</td></tr>
<tr><td>SOL 미국 S&P 500</td><td>SOL 미국 나스닥 100</td></tr>
<tr><td rowspan="3">RISE 미국 S&P 500</td><td>RISE 미국 나스닥 100</td></tr>
<tr><td>KOSEF 미국 나스닥 100(H)</td></tr>
<tr><td>ACE 미국 나스닥 100</td></tr>
</table>

요즘 유행하는 대세 ETF는?

지금 당장 부동산은 없지만 월세처럼 매달 따박따박 은행 이자보다 많은 배당금을 받을 수 있다면 얼마나 좋을까요? 이런 생각이 들 때는 월 배당 ETF 이야기를 빼놓을 수가 없습니다. 일반적인 배당 ETF와 2020년 이후 인기를 끌고 있는 커버드콜 형식의 ETF로 나눠서 이야기해 볼게요.

아, 사실 ETF에서는 '배당'이라는 말보다는 분배라는 말이 조금 더 정확한 용어입니다. 다만 시장 용어로는 부르기 쉽게 배당형 ETF 혹은 고배당 ETF라고도 표현합니다.

ETF는 개별 기업들 주식 외에도 채권이나 현금 등 다양한 자산을 담고 있습니다. 그렇기 때문에 기업들이 주주에 내는 배당금뿐 아니라 채권 이자라든지 현금 운용수익, 주식 대차 수수료 등 다른 부수입도 있습니다. 주 수입격인 배당금을 비롯해 부수입 격인 기타 수익을 ETF 투자자들이 나눠가진다는 의미에서 분배금이라고 부릅니다.

다만 받는 사람 입장에서는 배당금이나 분배금이나 따로 구분해서 받는 것이 아니기 때문에 분배금을 배당금으로 부르는 경우가 많고, 연장선상에서 분배금을 많이 주는 ETF를 고배당 ETF라고 편하게 부르기도 합니다.

배당형 ETF : 배당주 한꺼번에 투자하기

일반적인 배당 ETF는 배당을 많이 하는 고배당 기업들 주식이나 아니면 배당을 꾸준히 또 많이 늘리는 이른바 배당 성장 기업들 주식을 모아 만든 주식 세트라고 생각하면 간단합니다. 미국 증시에서는 운용 자산 규모가 큰 5대 종목으로 '뱅가드 디바이든드 어프리시에이션 인덱스 펀드(VIG)'와 '뱅가드 하이 디바이든드 일드(VYM)', '슈왑 US 디바이든드 에쿼티(SCHD)', 'SPDR S&P 디바이든드(SDY)', '아이셰어스 코어 디바이든드 그로스(DGRO)'가 있습니다.

배당형 ETF는 증시가 하락장이거나 저금리일 때 인기가 부각되는 경향이 있습니다. 다른 ETF에 비해 분배금을 많이 주기 때문에 하락장에서 시세 하락분을 일부 메꿔주는 역할을 하고, 금리가 낮을 때는 예·적금 이자 수익보다 분배 수익이 더 돋보이기 때문에 그렇습니다.

바꿔 말하면 배당형 ETF 증시가 상승장이거나 고금리일 때는 상대적으로 인기가 줄어드는 경향이 있어요. 배당을 많이 주는 기업들은 속한 업종 자체가 이미 어느 정도 성숙한 산업이라는 점에서 주가가 성장 기업들 주식에 비해 느릿느릿 천천히 오르는 경향이 있습니다. 상승장에서는 특히 성장 기업들 주가가 더 빠르게 뛰기 때문에 상대적으로 배당기업 주가나 고배당 ETF 선호도가 떨어집니다.

그런데 배당형 ETF를 매수할 때는 일반 주식 투자와 마찬가지로 발상의 전환이 필요합니다. 남들이 앞다퉈 성장주를 살 때 상대적으로 소외된 느낌이 있는 배당형 ETF를 매수해두는 것도 방법입니다. 뭐든 조금이라도 쌀 때 사두는 게 수익률 높이기에 유리하니까요.

커버드콜 ETF: 매달 배당 받고 싶을 때

'이왕이면 분배금을 아주 많이, 또 자주 받고 싶다'는 욕심이 날 수 있습니다. 이럴 때는 매달 배당을 주는 고배당 커버드콜 ETF를 고르는 것이 유리한데요. 커버드콜coverd call 전략은 일반 개인 투자자 입장에서 생소한 용어임에도 불구하고, 현금 흐름을 원하는 투자자들 사이에서 인기를 끌고 있습니다. 대부분의 커버드콜 ETF가 분기별로가 아니라 매달 분배금을 주는 데다 분배 수익률 역시 높다는 점 때문입니다.

커버드콜은 기초 자산인 주식을 매수하는 한편 파생 금융 상품인 콜옵션을 매도해 수익을 내는 투자 전략을 말하는데요. 콜옵션 매도 포지션은 주가가 떨어질 때 일정 수익을 낼 수 있기 때문에 하락장에서 시세를 방어할 수 있지만 상승장에서는 손실이 커지는 구조라서 상방이 막혀있다는 단점이 따릅니다.

특히나 2021~2023년 미국 증시가 출렁일 때 피로감을 느낀 투자자들이 고배당 커버드콜 ETF를 많이 매수했고 워낙 선호도가 높다 보니 이후 2023년을 기점으로 비슷비슷한 ETF가 줄줄이 출시되었어요. 하지만 우리는 가장 먼저 출시된 상품 세 가지만 보겠습니다.

우리가 연애를 할 때도 1년 사계절은 겪어보라는 이야기를 하잖아요. 커버드콜 ETF도 매달 분배금을 어떻게 다르게 주는지 지켜볼 필요가 있습니다. 상당수가 2020년 이후 출시되었기 때문에 역사가 그리 길지 않은데, 자산운용사 운용 여력에 따라서 매달 분배금이 달라져요. 처음에는 분배금을 많이 줬는데 시간이 갈수록 확 줄어든다면 낭패가 따로 없겠죠. 그래서 직접 겪어봐야 합니다. 그래서 커버드콜 전략 ETF는 이왕이면 1년 이상 된 상품을 우선 골라서 조금씩 사두는 게 합리적입니다.

미국 증시에서 대표적인 3대 커버드콜 전략 ETF 중에는 JP모건 자산운용이 2020년 5월 출시한 'JP모건 에쿼티 프리미엄 인컴 ETF(JEPI)'와 2022년 5월 출시한 'JP모건 나스닥 에쿼티 프리미엄 인컴 ETF(JEPQ)'가 있고요. 이 둘보다 조금 더 이른 시점인 2013년 12월에 상장한 글로벌 X의 '나스닥 100 커버드콜 ETF(QYLD)'가 있습니다.

그런데 QYLD가 커버드콜 ETF계의 1세대 아이돌이라면 JEPI나 JEPQ는 2세대 아이돌 정도라고 표현할 수 있습니다. QYLD는 패시브 커버드콜 ETF, JEPI와 JEPQ는 액티브 커버드콜 ETF 라고 생각하면 편할 것 같아요. QYLD는 기초 지수(나스닥 100 지수)를 단순히 따라가는 수동적인 성격이 짙은 반면 JEPI와 JEPQ는 적극적으로 기초 자산(특정 종목 등등)을 골라서 수익을 더 내는 방식이기 때문입니다.

JEPI는 주로 S&P 500, JEPQ는 나스닥 100 지수 포함 기업들 중에서 자산운용사 펀드 매니저가 주가가 더 오르겠다 싶은 종목들을 추려낸 후 사고팔아 차익을 내는 적극적인 방식입니다. 기존 패시브 커버드콜 방식의 단점을 일부 보완한 셈이죠.

다만 "도망친 곳에 낙원이란 없다"는 말이 있습니다. 액티브 형식의 커버드콜 ETF이라고 좋은 점만 있는 건 아니에요. 운용 전략 특성상 강세장에서 상승 여력이 제한되기 때문에 상방이 막혀있다는 지적을 흔히들 합니다. 쉽게 말해 남들 주가 오를 때 그만큼 많이 못 오릅니다. 반대로 하락장에서는 커버드콜 ETF가 하락폭이 비교적 적다고 하지만 실제로는 그렇지 않은 경우도 있고, 상승장이 찾아오더라도 시세가 오르는 듯 마는 듯 회복세가 매우 더딘 편입니다.

커버드콜 ETF는 배당주보다도 많은 분배금을 매달 준다는 투자 매력을 앞세워 단기간에 급격하게 시장이 커졌습니다. 금융감독원에 따르면 우리나라에선 작년 말 7,748억 원이던 커버드콜 ETF 순자산이 2024년 6월 말 3조 7,471억 원으로 반년 만에 5배 가까이 불었죠.

투자하는 입장에서 커버드콜 전략에 기반한 ETF의 최고 매력은 '분배금이 많다'는 점입니다. 쉽게 말해 고배당주는 저리 가라 하는 높은 분배 수익을 누릴 수 있다는 것인데요. 기존 커버드콜 ETF는 목표 분배율(1년 기준)이 한 자릿수에 그쳤는데 2020년 이후 나온 2세대 커버드콜 ETF는 10%를 넘나드는 목표 연 분배율을 제시하기도 합니다. 물론 확정 분배율이 아니기 때문에 더 높아질 수도 있고 더 낮아질 수도 있어요.

하지만 커버드콜 전략 기반 ETF는 증시가 상승장일 때 시세 상승률이 뒤쳐질 수 있다는 한계를 분명히 알고 매수해야 합니다. 하락장에서는 낙폭이 비교적 적을 뿐이지 하락하기는 합니다.

게다가 은행 예금처럼 정기적인 이자를 주는 안정적인 상품이 아니고 매달 배당금이 달라지기 때문에 배당 수익률도 상황에 따라 달라질 수 있어요. 다시 한번 정리하면 커버드콜 ETF는 기초 자산의 미래 시세 상승에 따른 수익을 일부 포기하는 대신 콜옵션(주식을 미리 정한 가격에 살 수 있는 권리) 프리미엄, 그러니까 콜 옵션 판매 수익을 통해 수익을 내고 투자자들에게 분배금을 주는 구조입니다.

콜옵션 매도 비중이 높을수록 분배금이 늘어나지만, 상승장일 때는 기초자산 가치가 오르기 때문에 옵션 매도 손실이 발생하는 구조입니다. 그래서 상승장에서는 기초 자산이 오르는 만큼 오르지 못합니다.

반대로 하락장에서는 기초 자산 가치가 떨어지기 때문에 이 부분에서는 손실이 납니다. 대신 옵션 판매 수익(옵션 프리미엄)으로 손실 일부를 메꿀 수 있다는 장점이 있고 이런 것을 '시세 방어력이 있다'고 표현합니다.

결론만 따지면 커버드콜 ETF는 기초 자산 가격이 크게 오르거나 크게 떨어질 때가 아닌 횡보장일 때 가장 투자 매력이 돋보이는 상품이에요.

어쨌거나 코로나 19 대유행 이후 본격적으로 출시되는 커버드콜 상품들은 아직은 안정적인 수익을 내고 있다고 장담하기에 역사가 짧은 편이에요. 당장은 매달 분배금을 받을 목적으로 투자하기 매력적이지만 너무 큰돈을 단기에 몰아넣는 것은 리스크가 있다는 점도 잊지 말아야 합니다. 세상에 장점만 있는 주식이나 ETF는 없으니까요.

레버리지 ETF: 높은 수익에는 큰 위험이 따른다

자 그런데 여기에서 마무리하면 조금 아쉽죠. 레버리지로 투자하고 싶은 분들이 항상 있습니다. 사실 레버리지 상품은 고위험 상품이기 때문에 '마음 편한 투자'에는 별로 적합하지 않습니다. 바로 '레버리지의 그림자' 때문인데요.

다만 한국 투자자들 사이에서 레버리지 ETF가 워낙 인기를 끌어온 만큼 언급을 해보겠습니다. 시각을 조금 달리하면, 개별 종목이나 특정 업종을 테마로 묶은 상품이 아니라 지수 추종 레버리지 ETF 같은 경우 투자하는 것이 무조건 위험하고 나쁜 건 아닙니다.

미국 증시에서는 프로셰어스와 디렉시온이라는 자산운용사가 레버리지 ETF로 유명한데요. S&P 500 지수의 경우 '디렉시온 데일리 S&P 500 불 2X 셰어스 ETF(SPUU)'가 2배 강세 베팅 상품입니다.

3배 레버리지 강세 베팅 상품도 있는데 '디렉시온 데일리 S&P 500 불 3X 셰어스 ETF(SPXL)'입니다. 반대로 '디렉시온 데일리 S&P 500 베어 3X 셰어스(SPXS)'라는 3배 약세 레버리지 상품도 있습니다. 이밖에 나스닥 100 지수의 경우 '프로셰어스 울트라프로 QQQ

ETF(TQQQ)'와 '프로셰어스 울트라 QQQ ETF(QLD)'가 대표적인 상품입니다.

똑같은 지수에 투자하더라도, 단순히 지수를 그대로 따라가는 ETF와 두 배 혹은 세 배로 따라가는 레버리지 ETF 중 무엇에 투자하는 게 좋을지는 각자 판단해야 할 부분입니다. 하지만 선택을 돕기 위해서 레버리지 ETF의 빛과 그림자에 대해 아주 간단히 훑어볼게요.

우선 레버리지의 그림자부터 보겠습니다. 미국 주식뿐 아니라 한국 주식도 레버리지 ETF 혹은 ETN에 투자했는데 시세가 하락할 때 경험하게 되는 뼈아픈 손실에 관한 이야기인데요. "빛이 밝을수록 그림자가 짙다"는 말을 생각하면 됩니다.

실제로 2019년 5월 말부터 최근 5년간 나스닥 100 지수와 나스닥 100 지수를 그대로 따라가는 ETF인 QQQ, 그리고 3배 레버리지 ETF인 TQQQ의 수익률을 비교해 볼게요. 2024년 5월 30일을 기준으로 최근 1년간, 5년간 수익률을 비교해보면 3배 레버리지 상품인 TQQQ 수익률이 월등히 높은 것을 알 수 있습니다.

물론 해당 시기에는 미국 증시가 상승장이었습니다. 하락장에는 TQQQ 하락률이 특히 크기 때문에 그만큼 손실도 눈덩이처럼 불어날 수 있습니다. 아주 단순하게 계산하기 위해서 3배 레버리지 ETF인 TQQQ가 추종하는 나스닥 100 지수가 100이라고 생각해볼게요.

오늘(T)은 나스닥 100 지수가 100이었는데 다음 날(T+1)은 10% 올랐다가 그 다음 날(T+2)은 10% 떨어지는 경우를 따져보겠습니다. T시점에는 100이던 나스닥 100 지수가 T+1일에 110〔=100+(100×0.1)〕,

2024년 5월 30일 현지시간 기준 일반 ETF와 레버리지 ETF 수익률 비교

구분	ETF 종목명(티커)	최근 1년 수익률	최근 5년 수익률
기초 지수	나스닥 100 지수	30%	160%
일반 ETF	인베스코 QQQ 트러스트 시리즈1 (QQQ)	30%	160%
3배 레버리지 ETF	프로셰어스 울트라프로 QQQ (TQQQ)	80%	398%

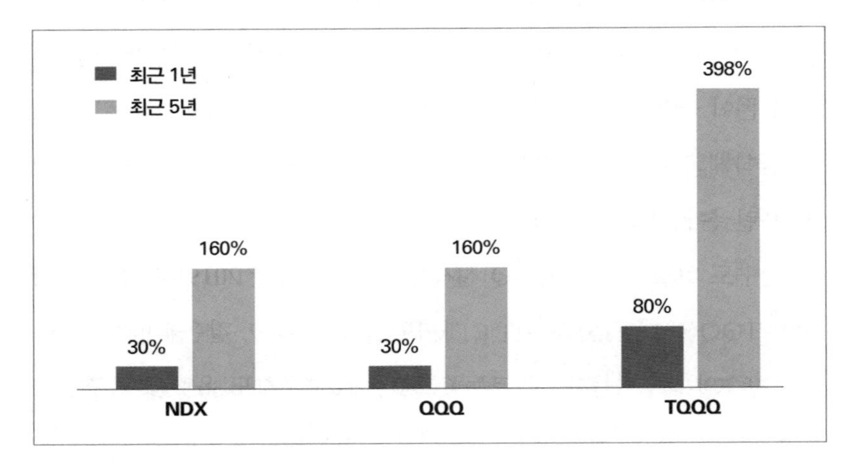

T+2일에는 99〔=110-(110×0.1)〕가 됩니다.

그러면 나스닥100 3배 레버리지 ETF인 TQQQ 수익률을 생각해 볼게요. T시점에는 나스닥 100 지수가 100인데 3배 레버리지로 따지면, T+1일에는 130〔=100+(100×0.1×3)〕이 됩니다. 3배 레버리지니까 10%인 0.1에 3을 곱해주는 겁니다. T+2일에는 91〔=130-(130×0.1×3)〕이 되고요. 정리해보면 T부터 T+2일까지 나스닥 100 지수는 1% 하락한 반면 TQQQ는 9% 떨어지게 됩니다. 3배 레버리지인 TQQQ

그림자가 더 짙죠.

레버리지 ETF는 손실 위험이 큰 만큼 치명적인 약점이 있기도 합니다. 두 가지 측면에서 한 번 더 짚어볼게요.

첫째, 우리의 삶이 계획대로 흘러가지 않습니다. 분기마다 일정한 실적을 내야 하는 기관 투자자들과 달리 개인 투자자들에게는 '시간'이 자산이라고 하잖아요. 우리가 살다보면 이사나 결혼, 출산, 자기계발, 퇴사 등 정확히 예측하지 못한 시점에 이런저런 돌발 이벤트가 생기고 돈이 들어가야 할 일도 생깁니다.

급하게 큰돈이 필요한 시점이 상승장이 아니라 하락장일 때 오히려 우린 손실만 큰 상황에서 돈을 마련하기 위해 손절해야 하는 일이 생길 수도 있죠. 실제 TQQQ 시세를 보면요. 지난 2019년 5월 이후 5년간 TQQQ 시세는 약 398% 가까이 뛰었습니다. 같은 기간 나스닥 100 지수와 해당 지수를 따르는 QQQ는 160% 정도 올랐으니 수익률만 보면 TQQQ에 눈길이 갑니다.

그런데 미국 증시가 출렁였던 2022년을 볼까요? 2021년 12월 31일부터 2022년 12월 30일까지 1년 동안 나스닥 100 지수는 1만 6,320.08에서 1만 939.76으로 약 33% 떨어졌고 QQQ는 1주당 387.12달러에서 266.28달러로 31% 하락했습니다.

당시는 연준이 기준 금리 인상에 나서면서 기술주를 비롯해 미국 증시 전반이 약세장에 접어든 시기입니다. 그 1년 동안 TQQQ 시세는 1주당 45.45달러이던 것이 17.30달러로 무려 62% 급락했습니다. 시간을 더 넓혀보면 2021년 말 이후 2023년 말까지 2년간 나스닥 100

지수와 QQQ는 각각 3%, 5% 오른 반면 TQQQ는 12% 올랐습니다. 그러니까 2022년 한 해 동안 TQQQ 투자자들은 62%의 손실을 견뎌야 했다는 점에서 고통의 나날을 보냈겠지만 1년만 더 버텼다면 오히려 QQQ보다도 더 나은 수익을 낼 수 있었던 거죠.

2021년 말~2023년 말에 이르는 2년이라는 시간 동안 우리의 삶에 많은 변화가 있었을 가능성도 있습니다. 누군가는 증권사 계좌에 있는 돈을 끌어다가 이사 자금을 마련했을 것이고 또 누군가는 퇴사 후 새로운 인생을 시작하기 위해 자금이 필요했을 수도 있습니다.

무엇보다 별일 없이 살았던 사람도 내 계좌에 있는 평가 금액이 빠르게 줄어드는 것을 지켜보는 게 고통스러워 일부라도 손절에 나섰을 수 있겠죠. 확실히 레버리지 ETF는 하락장에서 마음을 다스리기에 그렇게 유리한 종목은 아닙니다.

둘째, 우리가 개별 주식이나 ETF를 사고파는 시점이 늘 최고의 순간이 아닙니다. 우연히 저점매수·고점매도를 할 수는 있지만 행운의 영역이고요. 컴퓨터 프로그램을 돌려도 최저점에 사서 최고점에 팔 수가 없어요. 신문 기사나 증권사 투자 리포트, 유튜브 콘텐츠 등은 늘 그날그날 마감 시세인 종가를 기준으로 시세 변동률을 계산하지만, 사실 우리는 장 중에 사고팔기 때문에 생각보다는 수익률이 적을 수 있습니다. 물론 수익률이 더 클 수도 있지만 아무래도 주식 투자를 할 때는 기대 수익률을 너무 크게 잡지 않는 게 좋습니다.

다만 우리가 정확히 어느 시점에 상승장일지, 하락장일지 알 수 없기 때문에 무조건 레버리지 상품이 좋다, 혹은 나쁘다고 단정 지을

수는 없어요. 상승장에서는 레버리지 투자를 하면 고수익을 낼 수 있지만 하락장에서는 대규모 손실을 입게 됩니다. 수익은 많이 낼수록 좋지만 정작 우리가 손실은 어느 선까지 감당할 수 있을지 알 수가 없고, 또 알고 싶지도 않죠. 그렇지만 큰돈을 벌 확률과 큰돈을 잃을 확률이 동시에 높은 '고위험 상품'이라는 점만큼은 꼭 염두에 두고 투자해야 합니다.

어느 정도 투자 경력이 쌓이신 분들은 레버리지 ETF를 단기 매매 수단으로 활용하기도 합니다. 다만 '내가 이 정도 금액은 잃어도 된다'는 마지노선을 설정하고 금액을 배분하는 것도 방법입니다.

'디지털 금' 코인 투자가 버거울 때는 ETF로

2024년 1월 미국 증시에서는 새로운 역사가 쓰였습니다. 제도권 밖에서 떠돌던 암호 화폐, 즉 코인 중에서도 대장 격인 비트코인 현물에 투자하는 ETF가 줄줄이 상장했기 때문이죠. 이어서 같은 해 7월에는 '코인 2인자' 이더리움 현물 투자 ETF도 미국 증시에 연달아 상장했습니다. 같은 달 공화당 소속 와이오밍 주 신시아 루미스 미국 연방 상원의원은 비트코인 100만 개를 전략 비축 자산으로 매입하는 법안을 발표했다고 밝힐 정도로 눈길을 받았죠.

아쉽게도 우리나라 투자자들은 미국 증시에 상장된 코인 현물 ETF에 투자할 수 없습니다. 국내 금융 당국이 "한국 증권사를 통해 미국에 상장된 비트코인 현물 ETF를 거래하는 것은 위법"이라는 유권해석을 내놓았기 때문입니다.

그럼에도 불구하고 코인 산업에 투자하고 싶은 분들이 계실 겁니다. 비트코인이나 이더리움 같은 간판 코인에 직접 투자하는 분들도 계실 것이고, 한편으로 코인 관련 산업에 투자하고 싶다면 미국 증시에 상장된 관련주라든지 ETF를 매매하는 것도 방법입니다. 미국 증시에서 코인 관련주에 투자하는 방법은 세 가지 정도입니다.

첫째는 코인 채굴주, 둘째는 선물 ETF, 셋째는 기타 관련주인데요. 우선 코인 채굴주로 대표적인 것은 마라톤디지털(MARA)과 라이엇 블록체인(RIOT)과 클린스파크(CLSK), 그리고 비트 디지털(BTBT)이 있습니다. 아직 코인 채굴기업 중에 이렇다 할 압도적인 선도 기업이 존재하지 않는 상황에서는 ETF로 투자하는 것도 방법이겠죠.

코인 채굴 ETF로는 '발키리 비트코인 채굴기업 ETF(WGMI)'가 있습니다. 이런 종목들은 코인 시세가 뛸 때, 그리고 비트코인 반감기를 앞두고 덩달아 주가가 오르는 경향이 있어요. 물론 이 말인 즉 호재가 가시면 주가 낙폭도 매우 크다고 보면 됩니다.

둘째로는 코인 선물 ETF에 투자하는 방법이 있습니다. 코인 대장 격인 비트코인의 경우 국내에서 거래가 가능한 미국 증시 비트코인 선물 ETF는 '프로셰어스 비트코인 스트레티지 ETF(BITO)'와 '반에크 비트코인 스트레티지 ETF(XBTF)', '발키리 비트코인 앤 이더 스트레티지 ETF(BTF)', '심플리파이 비트코인 스트레티지 플러스 인컴 ETF(MAXI)' 등 다양한데요. 가장 먼저 상장된 BITO ETF가 순자산AUM

이나 거래량 측면에서는 비트코인 선물 ETF 시장을 선점했다는 평가를 받고 있습니다.

재미있는 점은 2024년 8월 기준으로 한국에서 미국 증시에 상장된 비트코인 현물 ETF는 투자할 수 없지만 현물 레버리지 ETF는 투자할 수 있다는 것입니다. 대표적으로 '프로셰어스 울트라 비트코인 ETF(BITU)'는 비트코인 현물 시세를 2배로 따르는데, 우리나라 증권사 계좌로도 제한 없이 사고팔 수 있어서 금융 당국 규제가 일관성 없다는 비판이 따릅니다.

셋째로는 기타 관련주에 투자하는 방법이 있는데요. 코인 거래 플랫폼으로는 코인베이스(COIN)를 비롯해 로빈후드(HOOD)를 대표적인 종목으로 꼽을 수 있습니다. 이밖에 기업 자체가 사실상 비트코인 기업이라는 별명을 얻은 소프트웨어솔루션 업체 마이크로스트래티지(MSTR)는 비트코인과 거의 비슷한 시세 흐름을 탑니다.

다만 투자할 때는 코인뿐 아니라 코인의 기반인 블록체인 기술 자체가 성장 단계라는 점을 꼭 염두에 둬야 해요. 산업이 성장단계라는 건, 아직 독보적인 선도 기업을 꼽기 힘들고 관련 기업들 주가 변동성이 매우 크다는 것을 의미합니다.

ETF도 개별 기업들 주식처럼 상장 폐지 리스크가 있어요. ETF는 상장 폐지가 되어도 투자 원금을 어느 정도 회수할 수 있기는 합니다. 상장 폐지라는 것 자체가 보통은 운용하는 자산 가치가 급감하는 경우 이뤄지기 때문에 이런 상황에서 원금 일부를 돌려받는 식입니다.

그러니 마음 편한 투자를 지향한다면 굳이 무리하게 투자할 만한

지 돌아볼 필요가 있습니다. 반대로 내가 공격적인 투자자라면 어느 정도 선까지 손실을 감내할 수 있는지부터 파악한 후에 매매를 결정하면 됩니다.

미국 '대선 효과'와 테마주 ETF, 돈 버는 데 도움 될까요?

선거는 '민주주의 정치의 꽃'이라고도 하죠? 그런 만큼 민주주의 사회 안에서 돌아가는 자본 시장에도 중요한 영향을 주게 됩니다. 미국 대통령 선거 시즌이 되면 미국 주식 매매 타이밍이라든지 정책 수혜주에 대한 이야기가 많이 오갑니다.

어느 정도 경향성이 있기 때문이겠죠? 전문가들이 경제협력개발기구OECD 회원국 등을 중심으로 27개 나라들 선거와 증시 영향을 분석해보니까 대선·총선 등 전국 단위 선거가 열리는 시기를 즈음해 51일 동안은 주식시장 변동성이 평소보다 20% 정도 높았다고 해요.

우리에게 중요한 건 '그래서 어떻게 대응하는 게 좋을지'에 관한 것입니다. 증시 변동성이 크다는 것은 우리가 주식 투자를 할 때 수익 낼 확률도 크지만 손실 볼 확률도 크다는 뜻입니다. 마음 졸이는 투자보다는 마음 편한 투자를 원한다면, 미국 대선 전후 변동성이 큰 시기를 피하거나 아니면 투자 액수를 조금 줄이는 것도 방법입니다.

노벨 경제학상을 수상한 윌리엄 노드하우스 예일대 교수는 선거 효과를 '정치적 경기순환 이론political business cycle theory'으로 설명합니다. 정치인들이 호감을 얻기 위해 선거 전까지는 경제를 살리겠다면서 돈 풀기·세금 감면·금리 인하 등 인기가 있는 경제 활성화 정책을 선호하고 이후에는 금리 인상 같이 인기가 덜한 정책에 기우는 측면이 있다는 거죠.

어느 나라이든 선거철이 되면 정치인들이 '경제 살리기'를 강조합니다. 선거에서 이기려면 아무래도 먹고사는 문제를 건드리는 것이 유권자의 마음을 살 수 있는 방법인가 봅니다. 하지만 집권한 직후에는 덜 인기가 있는 정책도 일단은 추진해볼 여유가 생깁니다.

그렇다면 미국 대선 전에 미국 주식을 사서 선거 직전에 팔면 수익을 더 낼 수 있지 않을까요? 쉽게 생각해서 미국 대통령 임기 전반 2년 동안 증시가 잠잠할 때 주식을 사서 대선 전 2년 동안 증시가 상승장일 때 주식을 팔면 어떨까요?

선거 주기에 대한 투자 관심이 많다 보니 관련 연구도 있더라고요. 미국 주식을 무턱대고 보유하는 전략보다는 대선 2년 전에 주식을 사서 대선 직전에 매도하는 전략이 확실히 더 유리하다는 연구가 있었습니다. 장기 보유보다는 선거 주기를 활용해 매매하는 경우에 연평균 수익률이 무려 3.4%포인트 더 높았다고 해요. 물론 이 연구는 1961~1978년을 기준으로 했기 때문에, 저자들이 1990년대 초반까지 확장해서 추가 분석을 했는데 역시나 선거 주기를 이용한 매매 전략이 더 높은 수익률을 냈다고 합니다.

물론 언제나 들어맞는 투자 팁이라는 것은 없습니다. 특히 2024년 7월 중순부터 8월 초까지 미국 증시가 2020년 이후 최대 낙폭을 기록

하는 식으로 분위기가 좋지 않았는데요. 주식시장은 선거 주기뿐 아니라 여러 가지 변수가 덩달아 동시 다발적으로 작용합니다. 그렇기 때문에 우리가 소중한 일상과 각자의 본업을 위해 '지속 가능한 재테크'를 지향한다면, 미국 선거의 수많은 시나리오와 시나리오별 투자 전략에 너무 얽매일 필요는 없습니다. 모든 건 예측 불가능하니까요.

대선 주기는 그렇다 치더라도 '누가 이기느냐'는 중요합니다. 승리한 후보·정당의 정책에 따라 수혜를 입는 업종이 분명히 있기 때문이죠. 지역 연고나 학벌을 중심으로 뜨고 지는 우리나라 테마주와는 조금 다르게 미국에도 정책이라든지 정치인들의 투자 성향을 반영한 테마주 같은 것이 있는데요.

업종별로 개별 기업을 하나하나 언급하기보다는 '테마주 세트' 역할을 하는 ETF를 소개하고 넘어갈게요. 미국 증시에는 미국 거대 양당 중 하나인 민주당 테마주 '언유즈얼 서버시브 민주당 ETF(NANC)', 또 다른 거대 정당인 공화당 테마주로 '언유즈얼 서버시브 공화당 ETF(KRUZ)'가 있습니다.

NANC와 KRUZ 모두 각각 미국 민주당과 공화당 소속 연방의회 의원들의 주요 투자 종목을 따라가는 ETF예요. NANC는 민주당 고참 의원 낸시 펠로시 전 연방 하원의장을, KRUZ는 공화당 중진 의원인 테드 크루즈 상원 의원 이름을 빌렸습니다.

미국은 주식거래금지법에 따라 연방의회 의원 본인 또는 배우자가 주식을 1,000달러 이상 거래한 경우 이를 45일 이내 의회 사무처에 알려야 하고, 의회 사무처는 해당 거래내역을 의회 홈페이지에 공개

2024년 상반기 기준 미국 거대 양당 테마ETF 주요 구성종목

언유즈얼서버시브 민주당 ETF 상위 10대 구성 종목

종목	티커
엔비디아	NVDA
마이크로소프트	MSFT
핌코 단기 채권 ETF	MINT
애플	AAPL
알파벳	GOOG
아마존	AMZN
세일즈포스	CRM
현금 등	해당 없음
크라우드 스트라이크	CRWD
넷플릭스	NFLX

언유즈얼서버시브 공화당 ETF 상위 10대 구성 종목

종목	티커
JP모건체이스	JPM
엔비디아	NVDA
컴포즈 시스템스 USA	FIX
아리스타 네트웍스	ANET
인텔	INTC
유나이티드 테라퓨틱스	UTHR
내셔널 퓨얼 가스	NFG
엘레반스 헬스	ELV
텍사스 인스트루먼트	TXN
다우	DOW

해야 합니다. 두 ETF는 이를 근거로 만들어진 상품이라는 점에서 민주·공화당 의원들이 투자한 종목을 간접 투자하는 상품이라고 할 수 있어요. 두 ETF의 성과를 가르는 것은 미국 거대 양당 소속 정치인들의 투자 성향입니다. NANC는 주로 성장주에 투자하는 반면 KRUZ는 가치주에 주로 투자한다는 점에 차이가 있어요.

각 ETF를 구성하는 주요 개별 종목은 그때그때 조금씩 차이가 날 수 있지만 대체로 NANC에는 대형 기술주 비중이 높습니다. 엔비디아와 마이크로소프트, 애플, 알파벳, 아마존, 세일즈포스, 크라우드 스트라이크, 넷플릭스 등이 주로 들어가 있고요.

반면 KRUZ는 금융·에너지(화석연료)·헬스케어(의료) 관련 기업을 포함하고 업종 분포가 고른 편입니다. 흔히 공화당 수혜 업종으로 금융과 화석연료, 의료 부문을 꼽는데 해당 ETF도 비슷한 분위기이네요. 특히 의료 관련 종목은 복지 확대를 내건 민주당보다는 긴축을 강조하는 공화당이 집권하는 경우 수익성 기대감이 커지는 대표적인 업종이고 에너지는 민주당이 친환경(재생에너지·전기차 등등) 지원을 강조하는 반면 공화당은 화석연료 중요성을 강조하는 편입니다.

하지만 국제정치라든지 경제 이슈에 따라서 정당과 정치인들의 생각이 달라지죠. 분명히 동일한 사람인데 선거 전략에 따라서 경제 이슈에 대한 의견이 정반대로 달라지기도 하고요. 지난 2020년 미국 대통령 선거 때 현직 대통령으로서 재선에 도전한 도널드 트럼프(미국 공화당)는 기준 금리를 내려야 한다고 부르짖었지만, 2024년 대선 후보로 나선 후에는 선거 전에 금리를 내리면 안 된다는 말을 해서 관심을 받았습니다.

기준 금리 인상보다는 금리 인하가 인기 정책인 경우가 많은데, 민주당 정권이 선거 전에 금리 인하로 인기를 얻으면 공화당 주자인 자신은 불리해지기 때문이라는 계산이 깔려있는 것 같죠. 선거가 끝난 후 뉴스를 보면서 승리한 대통령과 정당의 주요 공약, 그리고 정책 수혜주를 따져 봐도 늦지 않습니다.

우리가 '증시는 선반영'이라는 말에 너무 휩쓸리지 않았으면 좋겠습니다. 우리 주변에는 도움 되는 '시그널'도 많지만 그만큼 생각만 복잡해지게 하는 잡음도 많잖아요. 투자자들의 기대를 선반영해서 급등하거나 급락하는 주식은 차라리 피해가는 게 결과적으로는 나을 수도 있더라고요.

남들 버는 만큼 벌고 싶을 때:
미국 증시 흐름 따라 투자하기

주식 투자는 종목 선정도 중요하지만 매매 타이밍도 중요하다고 하잖아요. 일단 주식에 투자하기로 마음먹었다면, 이왕이면 상승장일 때 시장에 진입하는 게 좋습니다. '어차피 앞날은 알 수 없으니 맨땅 헤딩으로 시작하겠다'는 사람도 있겠지만요. 그래도 미국 주식의 사이클을 쭉 돌아보고 나면 우리는 남들과 다르게 상당히 차분한 자세로 출발할 수 있습니다.

물론 어디까지나 과거의 추세를 근거로 나오는 말이고요. 현실은 조금 다를 수 있습니다. 하지만 '차트 분석가'라고 하죠. 과거의 데이터를 기반으로 어떤 경향성을 예측해 내는 기술 분석가들은 예나 지금이나 활발하게 활동하고 있습니다. 아무도 앞날을 알 수 없지만 예나 지금이나, 그리고 앞으로나 증시도 결국은 사람 사는 이야기 중 하나이고 인간의 삶이 크게 바뀌지는 않는 만큼 과거를 돌아보는 작업이 중요한 것 같아요.

우선은 휴장일을 체크해둬야 하는데요. 미국 연방 공휴일은 2024년 기준 11일입니다. 하지만 미국 증시 휴장일은 10일로 하루 적어요. 연방 공휴일이지만 휴장하지 않는 날고 있고, 또 연방 공휴일이 아닌데 휴장하는 날도 있습니다.

게다가 주식시장은 정상 영업하는데 채권시장이 휴장하는 날도 있고, 주식시장이 휴장하는데 채권시장은 단축 영업하는 날도 있습니다. 게다가 해가 바뀔 때마다 휴장 혹은 단축 운영 방침이 조금씩 달라지기 때문에 뉴스나 증권사 앱을 통해 구체적인 날짜나 시간을 확인하면 좋습니다.

미국 뉴욕증권거래소와 나스닥증권거래소 홈페이지, 그리고 증권산업금융시장협회SIFMA 홈페이지 휴장일을 참고로 해도 됩니다. 이렇게 한 해의 휴장 일정 등 스케줄을 다이어리 같은 곳에 표시해두면 계획적인 사람이 된 듯한 뿌듯함도 들 거예요. 뒤에서 자세하게 계절에 따른 미국 증시 사이클을 자세히 알아볼 건데요. 그러기 전에 미국 증시에 자주 등장하는 단어들에 대해 짚고 넘어가볼까 합니다.

'네 마녀의 날'이 뭔가요?

주식시장에서 별다른 이유 없이 거래량이 달라지고 주가 요동치는 일이 일어난다면 '네 마녀의 날Quadruple witching day'을 한 번 떠올려볼 만

합니다. '네 마녀의 날'은 네 가지 파생상품의 만기일이 겹치는 날이에요. ❶ 개별 종목 선물 만기 ❷ 지수 선물 만기 ❸ 개별 종목 옵션 만기 ❹ 지수 옵션 만기, 이 네 가지가 겹치는 하루를 말합니다. 네 마녀의 날은 매년 3·6·9·12월 세 번째 금요일입니다.

이 날을 즈음해서는 주식시장이 네 명의 마녀가 빗자루를 타고 동시에 정신없이 돌아다니는 것처럼 혼란스럽다는 의미에서 이름이 붙여졌어요. 비슷한 맥락에서 마녀들이 기분 좋으면 주식시장이 강세를 보이겠지만 수틀리면 심술을 부리는 것처럼 시장이 하락 마감할 수도 있는데 마녀들의 마음은 알 수가 없다는 뜻으로도 받아들일 수 있습니다.

네 마녀의 날을 즈음해서는 통상 일주일 정도 전부터 증시 변동성이 커진다고 해요. 정작 네 마녀의 날 당일에는 주가 변동성이 작고 오히려 이전 주간에 변동성이 크다는 분석도 있습니다. 쉽게 말하면 뭔가 기업이 특별한 발표를 했다거나 중요한 뉴스가 나온 것도 아닌데 주가가 이유 없이 날뛴다는 겁니다.

여러분이 종종 기사를 보다보면 네 마녀의 날이 아니라 '세 마녀의 날'이라는 단어를 보게 될 수도 있습니다. 개별 주식 선물 같은 경우 거래량이 적어서 충분히 주목받지 못하기 때문에 개별 주식 선물 만기를 제외하고 나머지만 세 마녀의 날로 부르는 것이죠. 지금은 헷갈리시겠지만, PART 4와 5에서 각각의 네 마녀의 날을 콕콕 집어드릴 테니 걱정하지 마세요.

도대체 '연준 FOMC 정기회의'와 '기준 금리'가 뭔가요?

미국 중앙은행 격인 연방준비제도가 연방공개시장위원회FOMC 정기 회의를 여는 주간에는 미국 증시 주식 거래량이 평소 때보다 줄어들고 시장이 관망 모드에 들어가는 경우가 많습니다. 연준은 매년 여덟 차례 정기적으로 FOMC 회의를 열고 이 회의를 통해 연방기금금리(미국판 기준 금리)를 결정합니다. 대략 6주 간격으로 하는 회의예요.

연준 FOMC 회의가 열리는 날짜는 매년 조금씩 다릅니다. 하지만 누구나 손쉽게 알 수 있어요. 해당 일정은 연준이 직접 공지하기 때문에 연준 홈페이지에서 확인할 수 있고요. 무엇보다 우리가 사용하는 국내 증권사 애플리케이션에 들어가서 증시 일정 정보를 참고해도 됩니다. 하다못해 구글에 검색해도 나오니 걱정할 필요 없어요.

그런데 이 중에서도 매년 3·6·9·12월에 열리는 회의는 특히나 중요합니다. 4개 달은 연준의 다른 달 회의 때보다 영향력이 큰 편이에요. 연준이 한 해의 경제를 내다보는 경제전망Summary of Economic Projections, SEP도 내고, '미국판 기준 금리'인 연방기금금리 방향을 힌트로 보여주는 점도표dot plot를 발표하기 때문입니다. 연준의 기준 금리 결정이 중요한 시기, 그러니까 물가와 고용 측면에서 불확실성이 큰 시기에는 기관투자자, 헤지펀드 같은 전문 투자자들도 더더욱 연준 눈치를 보게 되는 거죠.

시장 금리의 기준을 설정하는 기준 금리

그런데 이 기준 금리가 무엇이길래 다들 쩔쩔매는 것일까요? 기준 금리는 아주 쉽게 말해서 시장 금리의 기준이 되는 금리를 말합니다. '은행들의 은행' 중앙은행의 통화정책 핵심 수단인데요. 우리가 은행 등 금융사에 예금 혹은 적금을 하거나, 대출(신용 대출·전세 자금 대출·주택담보 대출 등)을 받을 때 금리가 등장하죠. 이런 시장 금리의 기준이 되기 때문에 우리의 실제 생활에도 영향을 줄 때가 많습니다.

기준 금리라는 건 사실 우리가 부르기 쉽게 쓰는 용어입니다. 실제로는 정책 금리라는 표현이 정확하기는 해요. 나라마다 기준 금리를 정하는 방식도 조금 다릅니다. 아무래도 경제 규모가 큰 나라일수록 금리 체제가 다양한데요. 우리가 최근에 자주 접하는 미국을 볼까요? 연준은 '미국판 기준 금리' 연방기금금리를 결정합니다. 하지만 우리나라는 한국은행이 수치를 특정해서 결정하는 반면 미국은 범위를 정해서 결정합니다. 마치 연 4.75~5.00%, 5.00~5.25% 이런 식으로요.

'유로존 중앙은행' 유럽중앙은행ECB도 정책 금리를 세 가지로 나눠서 결정합니다. 하나는 기준 금리, 다른 하나는 한계대출금리, 마지막으로 예금 금리입니다. 중국도 경제 규모가 크죠. 이 나라의 중앙은행 역할을 하는 인민은행PBOC은 '중국판 기준 금리' 격인 대출우대금리LPR를 결정하는데요. 1년 만기 LPR과 5년 만기 LPR로 나눠서 금리 수준을 결정합니다.

마음 편한 투자를 지향하는 개인 투자자라면 연준 FOMC 회의 전날에는 과감하게 베팅하기보다는 이 기준 금리가 결정될 때까지 지켜보는 것도 방법입니다. 사실 증시에서 '지켜보라'는 말은 인기가 없습니다. 저도 개인적으로는 과감하게 베팅하는 것을 굳이 피할 필요는 없다고 생각하지만, 이 베팅이라는 건 위험을 감수하는 것이라서 마음 편한 투자와는 거리가 있습니다.

기준 금리의 힌트, 점도표

앞서 매년 3·6·9·12월에 열리는 연준 FOMC 회의는 점도표 발표가 있어서 중요하다고 했죠? 점도표는 쉽게 말해 연준 고위 정책 결정권자들이 모여 앞으로 연방기금금리(미국판 기준 금리)를 어느 수준으로 정할지 무기명 투표해 놓은 것을 말합니다. 이름을 밝히지 않고, 원하는 금리 수준에 점을 찍는 방식으로 투표한다는 의미에서 '점도표'라는 이름이 붙었어요.

아무튼 점도표라는 건 기준 금리가 언제, 얼마나 오르내릴지에 대해 연준이 시장에 힌트를 주는 역할을 하기 때문에 당연히 시장 분위기에 영향을 주게 됩니다. 기준 금리가 내리면 시중 금리도 덩달아 내려가니까요. 대출 받는 기업들은 부채 부담이 줄어드니 수익성이 개선될 가능성이 높고, 소비자들도 신용카드 빚 걱정을 덜면서 돈을 쓰니 아무래도 소비가 늘어 경제가 활발하게 돌아갈 수도 있겠죠.

증시에서는 투자자들이 빚 내서 투자하기(빚투)를 해도 이자 부담이 덜하기 때문에 투자 수요가 늘어납니다. 이렇게 금리가 내려가면 기업과 소비자, 투자자들이 모두 기를 펴게 되기 때문에 증시도 강세에 접어드는 경향이 있습니다.

대표적인 것이 코로나 19 대유행으로 전 세계가 봉쇄 모드에 들어가고 경제 붕괴론이 나오던 2020년이죠. 당시 연준이 기준 금리를 0%대로 낮춰서 초저금리로 설정하는 바람에 코로나 19 탓에 폭락했던 뉴욕 증시에 투자 광풍이 불면서 S&P 500 지수와 나스닥 종합주가지수 같은 주요 지수가 V자 모양으로 급반등했습니다. 개인 투자자들 사이에서는 다시 오기 힘든 꿈같은 시절로 통하죠.

반대로 금리가 오르면요. 기업들의 이자 부담이 늘어나고요, 소비자들도 가계 빚 부담이 커지니 소비를 줄이고 절약에 관심을 가지게 됩니다. 연준을 비롯한 우리나라와 유럽 등 주요 중앙은행들이 기준 금리를 확 올려서 높은 수준으로 유지한 2022~2023년 우리나라에서도 '짠테크', 거지방 열풍이 분 적이 있죠.

그리고 증시에서는 투자자들이 빚투하기 힘들어지기 때문에 투자 수요가 예전보다는 사그라들게 됩니다. 금리가 오르는 시기에는 기업과 소비자, 그리고 투자자들이 모두 풀이 죽는 바람에 증시도 약세에 접어드는 경향이 있습니다.

대표적인 것이 2022년 후반부~2023년 후반부 미국 증시 하락장이죠. 연준이 기준 금리 인상에 시동을 걸자 미국 증시가 하락에 하락을 거듭했습니다. 그러다가 2023년 가을부터는 연준이 금리를 그대로 유지하고 2024년부터 금리를 낮출 것이라는 시그널을 보내면서 증시가 반등했는데요. 다시 2024년 2분기(4~6월)에는 연준의 금리 동결 예상이 커지면서 증시가 출렁이기도 했습니다.

조금 길게 말했지만 이것이 바로, 투자자들이 연준의 점도표에 주목하는 이유입니다. 지금 당장의 금리 수준도 중요하지만 앞으로 어떻게 변하느냐가 증시 상승·하락을 가를 수 있기 때문이죠.

이 글을 읽는 누군가는 '남의 나라 중앙은행이 뭐가 중요하지?'라고 생각하실 수도 있어요. 하지만 월가에는 "연준과 싸우지 말라Don't fight the fed"는 격언이 있습니다. 우리가 평소에는 미국 연준이든 한국 중앙은행인 한국은행이든 크게 주목하지 않는 경우가 많기는 합니다. 하지만 2000년대 초 닷컴 버블 붕괴, 2008년 글로벌 금융위기GFC, 그리고 가장 최근 우리가 겪은 2020년 중국발 코로나 19 대유행과 그 이후의 인플레이션 시대를 떠올려보면 연준을 비롯한 중앙은행의 기준금리 결정 방향에 따라 증시가 출렁였던 것을 알 수 있어요.

경제 상황이 어렵거나 불확실할수록, 미국 주식 투자자라면 연준의 SEP나 점도표 같은 것들을 확인해봐야 합니다. 아무리 매달 일정 금액을 적립식 투자하는 사람이라 하더라도, 내가 상승장이나 하락장 중 언제 투자를 시작하느냐에 따라 수익률이 달라지고요. 또 미국 주식에 직접 투자하는 경우 연준의 정책 결정에 따라 환율이 달라지니 환차손 혹은 환차익이 날 수 있기 때문입니다.

'어닝 시즌'이 도대체 뭔가요?

미국 주식을 하다 보면 '어닝 시즌Earnings season'이라는 말을 자주 듣게 됩니다. 단어 뜻 그대로 상장 기업들 분기 실적 발표가 몰리는 시기를 말합니다.

어닝 시즌을 보면, 보통 S&P 500 지수 상장 기업 중에서도 실적 발표 때가 됐다는 신호탄을 울리는 역할을 하는 기업들이 있어요. 바로 월가를 쥐락펴락하는 대형 투자은행IB 들입니다. 미국 증시는 보통 월가 대형 투자은행(JP모건·골드만삭스·모건스탠리·씨티·뱅크오브아메리카·웰스파고)들이 앞장서서 어닝 시즌 신호탄을 올립니다.

구체적인 날짜는 그때그때 다르지만, 보통 월가 대형 은행들이 먼저 분기 실적을 발표하고 이후 일주일 정도 후에 테슬라를 시작으로 마이크로소프트와 애플, 아마존과 메타, '구글 모기업' 알파벳 같은 매그니피센트 7 기업들이 줄줄이 실적을 발표합니다. 엔비디아는 보통 이들 기업보다 한 달 정도 늦게 실적을 발표해요. 이렇게 한국 투자자들이 선호하는 기술기업은 대부분 증시 마감 직후에 실적을 발표합니다.

기업들 실적 발표 일정을 알려주는 투자 플랫폼도 있기는 하지만 종종 부정확한 경우가 있더라고요. 그러니 구체적인 일정은 기업 IR(투자자 관계) 홈페이지에 가서 확인하면 정확합니다. 누구나 확인할 수 있으니 부담 갖지 말자고요.

하지만 우리가 매일매일 일상에 쫓겨서 투자한 기업들 실적 발표일을 전부 확인하기 힘들 때가 많아요. 그럴 때는 일단 주요 글로벌 기업들이 실적을 발표하는 4월이 왔다하면 '실적 발표 시즌이구나' 떠올렸다가 월가 대형 은행들 실적 발표 뉴스가 나오면 그 다음부터 관심 있는 기업들 실적 발표 일정을 챙겨 보는 것도 방법입니다.

"나는 그냥 편하게 투자하고 싶은데? 실적 발표는 머리 아프고 복잡하고 어려워!" 하는 분들도 계실 거예요. 그런 경우에는 주가지수라든지 업종별로 투자하는 ETF나 ETN을 매매하면 됩니다. 마음 편히 지수 추종 ETF 투자하시려는 분은 개별 기업 실적 발표를 굳이 신경 쓰지 않아도 되니 부담 갖지 마세요.

개별 종목에 투자하는 분이라면 실적 시즌을 반드시 짚고 넘어가야 합니다. 미국 기업들 실적 발표를 전후해서 주가가 워낙 급등락하기 때문이죠. 개별 종목 매매하시는 분은 어닝 시즌에 기업들 실적 발표 후 프리·애프터마켓 주가 반응 확인해서 정규장 매매 때 참고하면 큰 도움이 됩니다.

물론 우리가 회계 전문가 혹은 재무 분석사처럼 아주 꼼꼼하게 구체적인 수치를 분석해야 한다는 건 아닙니다(그럴 수 있다면 좋지만요). 우리가 평범한 개인 투자자인 입장에서 어닝 시즌에 꼭 확인해봐야 할 세 가지 포인트를 정리해볼게요.

어닝 시즌에는 뭘 챙겨봐야 하죠?

어닝 시즌에는 프리·애프터마켓 분위기가 정규장에서도 비슷하게 이어지는 경우가 많아요. 다만 프리·애프터마켓은 기업 주가 변동성이 더 큰 편이니 너무 흥분해서 과감하게 주식을 사고파는 경우에는 그만큼 손실 위험도 크다는 점을 미리 마음 다짐해둬야 합니다.

개별 종목 투자하는 분들은 어닝 시즌에 세 가지 정도를 챙겨보면 시장 흐름에 크게 뒤처질 일이 없습니다. 많이 알면 알수록 나쁠 건 없지만 지속 가능한 투자라는 측면에서 우리가 간단하게 챙겨볼 것들을 꼽겠습니다. 중요도 순으로 ❶ 회사가 제시하는 앞으로 실적 전망(가이던스) ❷ 주주 친화 정책(배당금 상향 혹은 자사주 매입 확대) 및 주식 분할이나 병합 여부 ❸ 해당 분기 주요 실적(매출·1주당 순이익)입니다.

첫째로 회사가 제시하는 실적 전망, 즉 가이던스는 매출 혹은 1주당 순이익EPS이 월가 전문가 기대치 평균 대비 크게 밑도는지 혹은 웃도는지 정도만 확인하면 됩니다. 월가 전문가 기대치를 콘센서스consensus라는 단어로 주로 표현하는데요. 콘센서스를 집계하는 대표적인 금융정보업체는 LSEG와 팩트셋 등이 있습니다. 집계한 곳마다 수치가 조금씩 다를 수 있으니 대략적으로만 참고하면 됩니다.

둘째로 '주주 친화 정책'이 발표되면 주가가 확 오르는 경향이 있죠. 예를 들어 2024년 2월 1일 메타, 같은 해 4월 25일 알파벳이 각각 분기 실적 발표 자리에서 창사 이래 처음으로 주주 배당을 시작한다고 밝히면서 다음 날 주가가 순서대로 각각 20%, 10% 급등했는데요.

다만 이런 호재를 빨리빨리 잡기 위해서는 현지시간에 맞춰 빠르게 실적 발표 내용을 귀담아들어야 하니, 우리의 투자 모토와 잘 맞지는 않습니다. 위안이 되는 측면이 있다면, 보통 호재가 나온 바로 다음 날은 주가가 급등하는데 그다음 날은 약간 분위기가 진정되는 경향이 있어요. '난 또 한 발 늦었나' 하면서 불안해할 필요는 없습니다.

마지막으로 해당 분기 주요 실적, 즉 매출 혹은 EPS가 월가 콘센서스 대비 많은지, 적은지 혹은 이전 연도 같은 분기에 비해서는 어떤

지 따져볼 만합니다. 다만 이미 지나간 과거의 실적일 뿐이기 때문에 놀랄 만한 결과가 아니라면 해당 분기 실적보다는 실적 가이던스와 주주 친화 정책이 더 주가에 영향을 줍니다.

분기 실적을 설명하는 단어 네 가지

분기 실적과 관련해서 흔히 등장하는 단어가 어닝 서프라이즈Earning Surprise, 어닝 비트Earning Beat, 어닝 미스Earning Miss, 어닝 쇼크Earning Shock 네 가지입니다. 왼쪽으로 갈수록 좋은 것, 오른쪽으로 갈수록 나쁜 것이라고 보면 되는데 단어만 봐도 짐작이 가죠?

어닝 서프라이즈란 기업이 발표한 실적이 콘센서스를 크게 웃도는 경우를 말하고 어닝 비트는 실적이 콘센서스를 살짝 웃도는 경우를 말합니다. '크게·살짝'이라는 표현이 주관적이고 모호하죠? 실적이 콘센서스보다 20% 이상 높으면 어닝 서프라이즈, 그 이하이면 어닝 비트로 표현하곤 합니다. 물론 20%라는 게 정해진 규칙은 아닙니다. 어닝 서프라이즈이면 실적 발표 후 주가가 확 뛰고, 비트 정도이면 주가 반응은 뜨뜻 미지근한데요. 이미 지난 실적보다는 앞으로의 가이던스와 주주 친화 정책이 더 중요합니다.

어닝 쇼크란 발표된 실적이 콘센서스를 크게 밑도는 경우, 어닝 미스는 발표된 실적이 콘센서스를 살짝 밑도는 경우를 말합니다. 역시나 정도의 차이라서 애매하지만 앞에서 언급한 것과 비슷하게 20%를 기준으로 생각해보면 됩니다. 콘센서스 대비 20% 이상 실적이 낮으면 어닝 쇼크, 20% 미만이면 어닝 미스 정도로 보면 됩니다. 어닝 쇼크면 실적 발표 후 주가가 급락하고, 어닝 미스 정도이면 주가가 떨어지기는 합니다. 다만 역시나 가이던스와 주주 친화 정책이 더 중요합니다.

우리가 실적 발표의 모든 것을 실시간으로 챙겨보고 바로바로 매매 타이밍을 결정해야 한다는 이야기는 아닙니다. 다만 실적 발표에 따라 주가가 요동칠 수 있으니 이런 점을 감안해서 매수·매도 타이밍을 잡는다고 생각하면 조금은 부담감이 덜어져요. 내가 팔고 나서 오르거나 내가 사고 나서 떨어지는 일은 언제든 일어날 수 있습니다. 실적 발표 시기에는 이런 일이 일어날 가능성이 더 크다는 점을 알고 투자하는 것과 아예 모르고 투자하는 것은 마인드 컨트롤이나 투자 수익률 측면에서 차이가 날 수 있어요.

PART 4

미국 주식의 설레는 시작, 봄과 여름

봄,
뉴욕 증시 '벚꽃 랠리'의 계절

꽃피는 봄날은 미국 주식하기에 좋은 시간입니다. 우리가 살면서 "첫인상이 중요하다"는 말을 많이 듣게 되는데 물론 인상이 전부인 건 아니지만 그만큼 관계에 영향을 주니까 이런 말이 통용되는 것 같습니다. 증시 굴러가는 것도 우리가 살아가는 모습과 비슷해서, 첫인상이 중요하다고 생각해요.

그렇다면 '주식에 언제 진입하는 것이 좋을까?' 고민하게 되는데요. 미국 증시 흐름을 볼 때 봄은 투자하기 좋은 계절로 꼽힙니다. 물론 봄은 언제나 상승장이라는 이야기는 아닙니다. 과거를 읽어내는 사람은 있어도 오늘과 미래를 정확히 예언할 수 있는 사람은 없다고 하잖아요. 우리가 할 이야기는 과거의 경향을 참고로 한 것이지 '반드시 이렇게 된다'는 법칙 같은 건 아니라는 점을 염두에 두고 이야기를 시작해볼게요.

자 이제부터 개구리가 겨울잠에서 깨어나는 3월부터 꽃 피는 4월, 그리고 '봄의 여왕' 5월까지를 훑어보겠습니다. 3월과 더불어 4월은 뉴욕 증시에서 계절적인 강세장이 이어지는 달입니다. 그리고 이 상승세는 5월까지 이어지는 경향이 있죠. 하지만 이때쯤 되면 월가에는 "5월에 팔고 떠나라"는 격언이 오르내립니다.

3월: 네 마녀가 부릅니다, '봄이여 오라' 상승장

3월은 미국 증시 상승장으로 유명한 달입니다. "자고 일어나 보니 주가가 올라있더라"라는 반응이 나올 만한 시기입니다. 개별 종목 주가에 가장 큰 영향을 주는 변수는 시장이 전반적으로 현재 강세장이냐 약세장이냐 여부라고 합니다. 아무래도 주가가 오름세를 탈 때 투자를 시작하는 것이 이왕이면 기분이 좋죠.

내가 아무리 우량 기업이라 하더라도, 또 그 기업이 호실적을 냈다 하더라도 주식시장이 전반적으로 하락장일 때는 그 기업 주가 상승폭도 제한됩니다. 하지만 시장 분위기가 좋을 때는 우량 기업은 물론이고, 그저 그런 기업 주식도 별다른 호재 없이 덩달아 오르는 경우가 많습니다.

자, 그러면 3월은 도대체 어떤 달인지 알아보자고요. 먼저 그 달의 미국 증시 휴장일을 꼽아보고, 이미 예정된 중요한 이벤트를 정리한 후에 증시가 대체로 어떤 흐름을 보였는지 보겠습니다.

> "3월은 황소 같은 강세장으로 다가왔다가
> 곰 같은 약세장으로 바뀐 것처럼 보일 수도 있다.
> 적어도 단기적으로는 말이다."
>
> - **조너선 크린스키**Jonathan Krinsky BTIG 수석 분석가

3월의 휴장일

여러분은 성 패트릭의 날St. Patrick's Day을 들어보셨나요? 미국을 비롯한 많은 나라들이 보통 공휴일이나 기념일을 특정 날짜보다는 요일을 기준으로 정하곤 하는데 '성 패트릭의 날'은 특이하게도 매년 3월 17일로 딱 고정되어 있습니다.

이날을 즈음해서 뉴욕 맨해튼 거리에서는 온통 녹색 의상을 입은 사람들이 아일랜드 펍에서 맥주를 마시고 거리 행사를 하더라고요. 분위기만 보면 영락없는 공휴일 느낌이지만 성 패트릭의 날 미국 증시는 정상 운영합니다.

성 패트릭의 날은 기독교 기념일인데요. 영국과 아일랜드에서 전도사로 일했던 아일랜드의 성인 파트리치오의 서거를 기념하는 날이라고 합니다. 성 패트릭의 날과 관련해서는 '네 마녀의 날' 격인 쿼드러플 위칭 데이가 중요한데요. 네 마녀의 날은 앞에서 봤듯이 매년 3·6·9·12월의 셋째 주 금요일입니다. 성 패트릭의 날이 네 마녀의 날 주간과 가까이 있다면 미국 주식을 사고팔 때 너무 과감한 베팅은 하지 않는 편이 유리합니다.

그리고 성 금요일과 부활절이 있어요. 성 금요일Holy Friday or Good Friday

은 부활절 전 금요일을 말합니다. 예수 그리스도 십자가 수난일을 기념하는 이날은 미국 증시가 모두 휴장합니다. 하지만 성 금요일과 부활절은 정해진 날짜가 없고요. 매년 3월 말 혹은 4월 초 정도로 생각하면 됩니다.

부활절은 일요일이기 때문에 증시가 원래 휴장하니 크게 신경 쓰지 않아도 됩니다. 그런데 대부분 성 금요일과 부활절은 보통 4월 초라고 합니다. 3월 말인 경우는 확률로 따지면 20% 정도라고 하는데, 이런 부분은 매년 달력을 확인해보는 게 정확합니다.

꼭 정해진 것은 아니지만 성 금요일 직전 거래일(목요일)에는 미국 증시 대표 주가지수가 상승하는 경향이 있고 그 다음 거래일(월요일)은 하락하는 경향이 있다고 합니다. 그래서 가장 최근 연도인 2024년을 재미 삼아 확인해보면요. 2024년은 성 금요일이 3월 말에 해당하는 3월 29일이었습니다. 그전 거래일 날인 3월 28일 목요일을 보면 대표 주가지수인 S&P 500 지수가 0.11% 올랐고, 다음 거래일인 4월 1일 월요일을 보면 해당 지수는 0.20% 떨어졌습니다.

그렇기는 한데 나스닥 100 지수는 반대로 움직였거든요. 물론 나스닥 100 지수보다는 S&P 500 지수가 미국 증시 대표성이 있습니다.

재미로 본 2024년 '성 금요일' 효과

구분		S&P 500	나스닥 100
성 금요일	이전 목요일	0.11%	-0.14%
(3월 29일)	다음 월요일	-0.20%	0.21%

어쨌든 우리가 '성 금요일 효과'를 법칙처럼 믿을 필요는 없지만 적어도 이 시기가 되면 참고 정도는 할 수 있겠죠.

3월의 주요 이벤트: 네 마녀의 날과 연준 경제전망

3월은 미국 주식하기 좋은 달이지만 그렇다고 해서 내내 주식이 오르기만 하지는 않겠죠. 무엇보다 연도를 불문하고 3월의 경우 증시가 출렁일 만한 이벤트가 둘 있습니다. 그러니까 미국 주식을 사고팔려 할 때는 변수를 감안해 매매 타이밍을 정하는 것도 방법이에요.

3월은 일정표가 조금 빡빡합니다. 3월이 한 해 1분기(1~3월)의 마지막 달이기 때문에 기관이나 헤지펀드 같은 대형 투자자들의 분기별 포트폴리오 조정 작업이 이뤄집니다. 게다가 중요한 두 가지 이벤트가 남아있죠. 바로 '네 마녀의 날', 연준의 경제전망 요약SEP입니다. 앞서 짚었듯이 네 마녀의 날과 연준의 SEP 모두 한 해의 매 분기 마지막 달, 그러니까 매년 3·6·9·12월에 있어요. 반드시 그런 것은 아니지만, 그래도 내가 주식을 조금 마음 편하게 하고 싶다면 이 시기에는 과감한 베팅을 하기 보다는 조금 신중하게 접근해도 늦지 않습니다.

어쨌든 네 마녀의 날이나 연준의 SEP·점도표 발표는 분기 별로 나오기 때문에 3월에만 있는 이벤트는 아닙니다. 다만 매년 첫 번째 네 마녀의 날과 첫 번째 연준 경제전망은 모두 3월에 있고요. 무엇보다 이 두 이벤트가 미국 주식 매매 타이밍에 영향을 주기 때문에 눈여겨 볼 만해요. 미국 증시가 3월에는 상승장일 확률이 높다고 하지만 이 두 이벤트를 즈음해서는 시세가 출렁일 수 있거든요.

주식이나 부동산이나 "쌀 때 사서 비쌀 때 팔아라"라는 말이 있죠. 시장이 출렁일 때 우연히 저점 매수를 하거나 고점 매도를 하게 된다면 그만한 행운이 없을 겁니다. 반대로 시장의 소란을 피해가고 싶을 때는 이왕이면 두 이벤트가 지난 후에 주식을 사고파는 것도 방법이겠죠.

과연 3월은 '상승장'일까요? 3월 강세론에 대하여

자, 이제 매년 3월에 돌아오는 중요한 일정을 확인해봤으니 3월 강세장에 대한 월가 전문가들의 이야기를 정리해볼게요. CFRA 리서치의 샘 스토발Sam Stovall 최고 투자 전략가는 "1945~2022년을 통틀어 볼 때 3월에 S&P 500 지수는 강세를 보였고 이 기간 상승분만 모두 합치면 총 64%"라면서 "1년 열두 달 중 지수 상승률을 순위를 매긴다면 3월은 상위 5위에 해당하는 달이며 변동성도 5번째로 적은 달"이라고 분석했습니다. CFRA 리서치는 종종 미국 주식 관련 기사에 등장하는데, 뉴욕에 본사를 둔 투자분석업체예요.

분석 기간인 77년 동안 어떤 해 3월은 S&P 500 지수가 하락하고 또 어떤 해 3월은 지수가 올랐을 텐데, 이런 점을 통 틀어서 상승분을 더해보면 64%라는 높은 수치가 나온다는 겁니다. 미국 주식에 이제 막 발 들이는 입장에서, 과거 경향만 본다면 3월에 주식 투자를 시작하는 것도 적당한 타이밍 같죠?

각 연도별 3월 S&P 500 지수 변동률

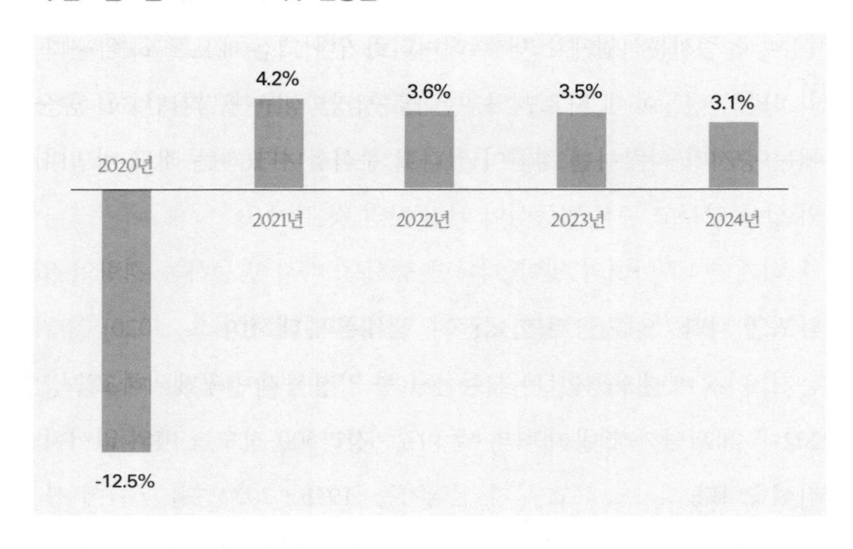

3월의 마녀는 천사다(?)

네 마녀의 날을 즈음해서는 주가가 급락할 수도 있고, 반대로 급등할 수도 있습니다. 하지만 일 년에 네 번 있는 네 마녀의 날 중에서도 마녀가 천사처럼 보이는 경우가 두 번 있다고 해요.

그중 하나가 바로 3월에 있는 네 마녀의 날입니다. 월가에선 3월 네 마녀의 날 주간에는 단기 고점이 나온다는 말이 있기는 한데, 제가 직접 확인해보니 역시나 꼭 그런 건 아니었어요. 코로나 19 대유행이 세상을 흔든 2020년 이후 2021~2024년 동안 각 연도별 3월 미국 증시를 보면, 네 마녀의 날 주간에 단기 고점이 나온 건 2021년 정도였습니다. 나머지 3개년은 모두 네 마녀의 날이 지난 후에 3월 최고점

기록이 나왔더라고요.

미국 증시분석업체 스탁 트레이더스 얼머낵Stock Trader's Almanac의 제프리 허쉬Jeffrey A. Hirsch에 따르면, 3월은 상승장인 경우가 많지만 3월 중순에는 증시가 하락하는 경향이 있다고 분석합니다. 아무래도 네 마녀의 날을 앞두고 증시 변동성이 커진 탓인 것 같아요.

하지만 네 마녀의 날이 지나면 증시는 다시 반등하는 경향이 있다고 합니다. 요즘은 과연 어떤지 직접 확인해 봤어요. 2020년 3월은 코로나 19 대유행이 본격 확산된 특수한 시기이니 제외하고 보면 2021~2024년까지 네 마녀의 날 이후 S&P 500 지수는 예외 없이 올라섰습니다.

2021년 3월은 연준이 초저금리 정책을 유지하면서 증시에 자금이 넘쳐나던 호시절, 2022년 3월은 연준이 코로나 19 대유행 이후 처음으로 금리 인상을 시작한 금리 인상기, 2023년 3월도 금리가 빠르게 오르던 금리 인상기, 2024년 3월은 금리 인하 기대감이 돌던 시기인데요. 이렇게 매년 증시 분위기가 조금씩 달랐지만 3월에는 네 마녀

재미로 본 '3월 네 마녀의 날' 효과*

시기	해당 주간	네 마녀의 날 이후**
2021년(3월 29일)	-1.41%	1.53%
2022년(3월 18일)	6.94%	1.58%
2023년(3월 17일)	1.58%	4.92%
2024년(3월 15일)	-0.02%	2.68%

*S&P 500 지수 기준 **3월 말까지 기준

의 날 이후 마지막 거래일까지 미국 증시가 상승세를 탔습니다.

이런 경향이 늘 들어맞는 법칙은 아닙니다. 미국 증시만 해도 2010년대부터는 최장 기간 호황을 달렸는데 시장이 항상 호황일 수만은 없으니까요. 다만 미국 주식을 처음 시작하거나 익숙하지 않을 때는 이왕이면 장 분위기가 좋을 때 매수 혹은 매도하는 게 상대적으로 마음이 편해지는 것 같아요.

워싱턴DC 정치 변수

우리나라도 그렇지만 미국도 대통령 선거가 증시에 큰 영향을 줍니다. 과거를 돌아보면 미국 대통령 집권 3년 차에 해당하는 연도에는 그해 3월 증시가 강세를 보이는 경향이 두드러진다고 해요. 미국 네브래스카주 오마하에 본사를 둔 미국 대형 투자자문사 카슨Carson 그룹의 라이언 데트릭Ryan Detrick 수석 시장 전략가는 미국 대선과 총선 등 선거 변수와 관련해 3월을 강세장으로 꼽습니다.

데트릭 전략가는 "역사적으로 봤을 때 3월과 4월은 한 해를 통틀어 뉴욕 증시가 뚜렷한 상승세를 보이는 시기"라면서도 "특히 대선이 열리는 직전 해 3~4월에 지수 상승폭이 크다"고 분석했습니다. 데트릭 전략가가 1950~2022년을 분석 기간으로 잡아 살펴보니 S&P 500 지수는 3월에 평균 1.1%, 4월에 평균 1.5% 올랐습니다.

그런데 특히 대선을 1년 앞둔 해의 3월과 4월에는 해당 지수가 각각 평균 1.9%, 3.5% 올랐습니다. 평균치를 감안해보면 확실히 선거 전 해인 경우가 대체적으로 상승세가 두드러지는 셈이죠.

최근 미국 대통령 재선 도전 선언과 증시

시기	S&P 500 한달 상승률	
2023년*	3월	3.5%
	4월	1.46%

*4월 25일(현지시간) 바이든 대통령 재선 도전 공식 선언

재미 삼아 2023년과 2024년을 볼게요. 2023년은 조 바이든(미국 민주당) 대통령 집권 3년 차인 해입니다. 이 해 3월 한 달 동안 S&P 500 지수와 나스닥 100 지수는 각각 3.50%, 9.50% 올랐네요. 반올림하면 한 달에만 4%, 10% 오른 셈이니 많이도 오른 것 같습니다. 집권 4년 차인 2024년 3월은 상승폭이 두 지수 모두 3%대로 확실히 3년 차보다는 덜합니다.

미국 대통령 임기는 4년인데요. 3년 차로 접어들면, 정권이 어느 정도 안정된 상황에서 현직 대통령이 재선 도전에 나서기 위해 물밑 작업을 하는 때입니다. 가장 최근 사례인 조 바이든 대통령만 봐도 2024년 11월 대선을 앞두고 집권 3년 차인 2023년 4월에 재선 도전을 공식 선언했죠(물론 같은 해 7월 바이든은 대선 후보 하차를 선언했는데, 이후 미국 증시 중에서는 우연인지 필연인지 싶을 정도로 경기 침체 우려가 부각되면서 2020년 이후 최악의 하락장을 기록했습니다). 3월에는 당연히 이를 위한 준비가 이뤄진 시기일 텐데요. 이 시기에는 경제에 악영향을 줄 만한 행보를 펼쳐 굳이 지지 기반을 밀어낼 필요는 없을 거예요.

현직 대통령이 재선 출마를 선언하는 시점을 한두 달 전후해서는

경제 분위기가 순탄한 경우가 많고 증시도 덩달아 큰 하락세 없이 잘 흘러가는 모양입니다. 실제로 바이든 대통령이 재선 도전을 선언한 건 현지시간으로 2023년 4월 25일인데요. 2023년 3월 S&P 500 지수는 무려 3.50%, 4월에는 1.46% 올랐습니다. 현직 대통령의 재선 도전 선언일은 딱히 날짜가 고정된 건 아닙니다. 하지만 정치인이라면 분위기가 좋을 때 선거에 도전하곤 하기 때문에 이런 점도 투자자 입장에서는 재미있는 관전 포인트인 것 같습니다.

지금까지 이야기를 정리해보면, 3월의 미국 증시는 역사적으로 상승장이었습니다. 주가가 매일 오르기만 하는 것은 당연히 아니지만 한 달을 통틀어봤을 때 주가지수가 오르는 경향이 두드러진다는 것이죠. 물론 네 마녀의 날이나 연준 FOMC 정기회의를 즈음해서는 시장 변동성이 커지는데 이 두 이벤트는 3월 중순 이후에 몰리는 경우가 많습니다. 그러니 이런 일정을 의식해서 매매 타이밍을 정하는 것도 좋은 방법입니다.

결론적으로 내가 모험심 강한 성향의 투자자라면 3월에는 '네 마녀의 날'이나 연준 FOMC 정기회의가 열리기 전에 미국 주식을 매매하면 되고요. 반면에 안정성을 중시하는 성향이라면 이 시기를 피해 매매에 나서는 것이 마인드 컨트롤에 유리합니다.

주식시장은 마치 우리 인생처럼 곳곳에서 예측할 수 없는 변수들이 튀어 나오고 상황도 그때그때 다르기 때문에 반드시 어떠하리라고 확신하기 어렵습니다. 월가 전문가도 엇나간 전망을 할 때가 많은 이유입니다. 하지만 아무런 감 없이 맨 땅에 헤딩하는 식으로 무작정 미국 주식 투자를 시작하는 것보다는 같은 종목을 사더라도 이왕이면 매달 증시 흐름을 고려해 매매에 나서는 것이 나름의 전략입니다.

3월의 미국 주식 캘린더

SUN	MON	TUE	WED	THU	FRI	SAT
서머타임 시작					네 마녀의 날	
			연준 FOMC 정례회의·경제전망			

- 셋째 주 금요일: 네 마녀의 날
- 3월 중후반: 연준 FOMC 정례회의·경제전망
- 두 번째 일요일: 서머타임 시작

4월: 올해 첫 '어닝 시즌'과 강세장

3월의 소란이 어느 정도 가라앉으면 이제 4월이 다가옵니다. 과거 경향에 비춰볼 때 4월 역시 미국 증시가 오름세를 타는 달이라고 하는데요. 하지만 4월은 개별 기업 주식을 매수하거나 매도하려면 신경을 조금 더 써야 하는 시기입니다.

4월의 주요 일정

3월 말과 4월 초에는 3월 이야기에서 잠시 다뤘던 '성 금요일'과 부활절이 걸쳐져 있습니다. 하지만 대부분이 4월 초에 있기 때문에 성 금요일에 대해서는 이번 달인 4월에서 다뤄볼게요.

미국 증시는 매년 휴장이나 단축 운영 일정이 조금씩 달라요. 2024년의 경우 성 금요일이 3월 29일이었는데 주식시장과 채권시장이 모두 휴장했습니다. 앞선 2023년의 경우는 성 금요일이 4월 7일이었는데, 주식시장은 휴장하지만 채권시장은 휴장하지 않고 단축 운영(당일 오후 12시 조기 폐장)했죠. 2022년에는 주식시장과 채권시장이 모두 휴장했습니다.

4월 상승장: 세금 신고 vs 어닝 시즌

4월이 과연 상승장이었을지 최근 5년만 보겠습니다. 2020년은 한 해가 상승했던 해이고 2022년은 그 반대였죠. 두 해를 제외하고 보면 어떤 해에는 S&P 500 지수가 오르고 또 어떤 해에는 떨어졌습니다.

과연 4월은 '상승장'일까요?

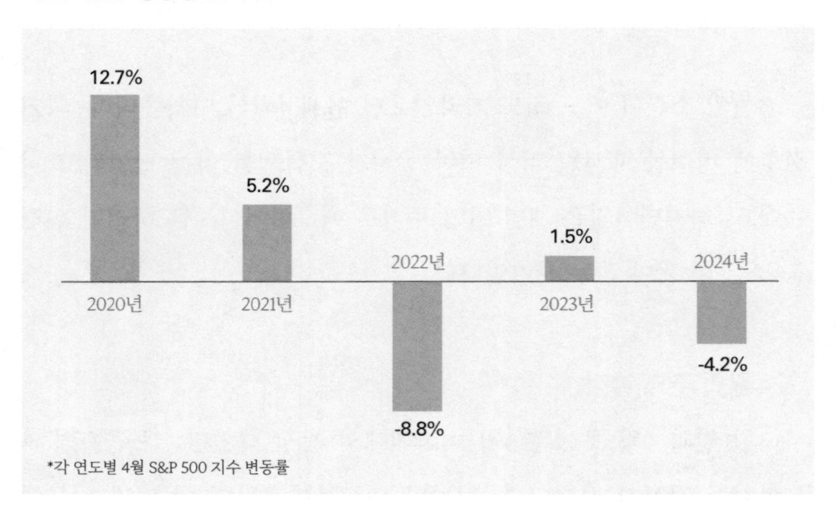

4월은 미국인들에게는 '세금 내는 달'로 통한다고 합니다. 한국 증시도 마찬가지이지만 보통 투자자들은 세금을 내는 시기가 다가오면 손절할 종목들을 팔아버림으로써 실현 이익을 줄이는 경향이 있어요. 물론 주식 투자 이익이 많으면 많을수록 좋지만, 거액을 굴리는 큰손들 입장에서는 세금 폭탄도 감안해서 적당한 수준의 이익을 선호하기도 합니다.

미국 국세청IRS 규정에 따르면 매년 4월 15일은 세금 신고서 제출일 및 미납 세금 마감일입니다. 물론 각 주마다 어떤 기념일이 끼어있다거나 하는 경우에는 하루 이틀 정도 날짜 조정이 이뤄진다는 점을 감안할 때, 4월 중순까지는 미국 증시가 세금 이슈 영향을 받아 하락하는 경향이 있다는 소리가 종종 들리는데요. 이런 저런 추측들이 우

세금 신고일 전후 S&P 500 지수 변동률

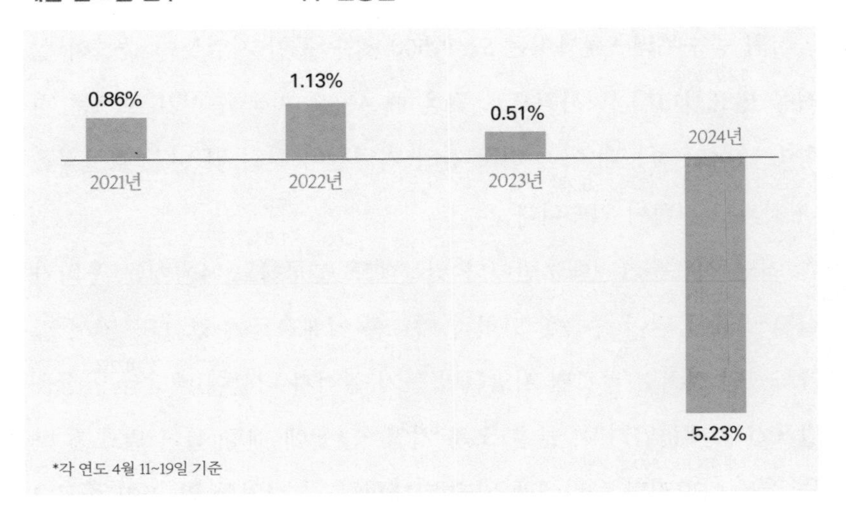

리의 마음을 흔들기도 합니다.

다만 2000년대 이후 미국 증시는 세금 이슈보다는 다른 이벤트 영향을 더 크게 받는 분위기입니다. 최근 2021~2024년을 한번 볼까요? 세금 마감일인 4월 15일을 끼고 연도별로 4월 11~19일 동안 S&P 500 지수 변동률을 보면 2024년 4월만 5%가량 급락한 것을 제외하고 나머지 연도에는 모두 상승한 것을 알 수 있어요.

세금 이슈보다 중요한 건 바로 주요 기업들의 1분기 실적 발표죠. 여기에서 1분기라는 건 실질적으로는 매년 1~3월인 경우가 많지만, 기업마다 회계연도 분기를 기준으로 조금 다르게 표시하곤 합니다. 어닝 시즌은 5월까지 이어지는데 5월로 갈수록 분기에 해당하는 기간이 달라지기도 합니다. 하지만 너무 스트레스 받을 필요는 없습니다.

중요한 건 실적과 사업 성장성이니까요.

4월 중순부터 5월까지는 S&P 500 지수 포함 기업들이 줄줄이 실적을 발표합니다. 역사적으로 봤을 때 4월은 미국 증시가 오르는 경향이 있다고 하는데 이는 미국 간판 기업들이 최근 몇 년간 호실적을 낸 것과도 관련이 있습니다.

어닝 시즌은 1년에 4번이나 있는데도 불구하고, 4월에는 우리가 실적 발표를 넘어 주목할 만한 흥미로운 이벤트들이 있어요. 앞서 말씀드렸던 것처럼 글로벌 기업들이 분기 실적과 더불어 배당금 인상을 발표하기 때문입니다. 물론 모든 기업이 4월에 배당 관련 발표를 하는 것은 아니지만 우리에게 익숙한 대형 우량 기업들 몇 곳이 주로 4월에 배당금 인상을 발표하기 때문에 챙겨볼 만합니다. 배당금 인상을 발표하면 주가가 오르고, 삭감을 발표하면 주가가 하락하니까 매매 타이밍으로 활용할 수 있어요.

대표적으로 미국 간판기업인 애플을 비롯해 존슨앤드존슨과 IBM, 프록터앤드갬블, 코스트코는 통상 4월 중반부터 후반 사이에 주주 배당금 인상 계획을 알립니다. 여기에서 4월 중후반이라고 하는 이유는 보통 이들 기업이 분기 실적 발표를 하는 자리에서 배당금이라든지 자사주 매입 계획 같은 주주 친화 정책을 발표하기 때문이에요. 물론 기업 사정에 따라 어떤 연도에는 5월 이후로 시기가 미뤄지거나 4월 이전으로 시기가 당겨지는 경우도 있고, 항상 주주 친화 정책을 발표하는 것도 아니기 때문에 '경향성' 정도로 참고하면 좋습니다.

이 중에서도 애플과 존슨앤드존슨은 미국 정부와 비교될 만큼 회사 신용 등급이 높습니다. 글로벌 신용평가 기업은 크게 3곳이 있는데 피치와 스탠더드앤드푸어스, 무디스이죠. S&P 평가 기준으로 보면 2024년 2월 기준 존슨앤드존슨과 마이크로소프트는 신용 등급이 AAA로 S&P 500 지수에 편입된 기업 중 신용 등급이 가장 높습니다. 심지어 미국 정부의 AA+등급보다도 신용이 높아요. 애플과 알파벳은 미국 정부와 같은 수준이고 아마존과 월마트, 버크셔해서웨이 등은 이보다 한 단계 낮은 AA등급입니다.

이렇게 신용 등급이 높은 기업이 배당금까지 올려준다면 주가가 오를 가능성이 아주 높겠죠. 물론 어떤 기업이든 항상 배당금을 올리기만 하는 건 아니에요. 경영 사정을 들어 배당을 삭감하거나 중단하기도 합니다. 코로나 19 대유행 당시 디즈니를 비롯한 많은 기업들이 배당 중단을 선언했던 것과 같이요.

또 이런 기업들이 실적이 좋지 않은 경우에는 발표 후 주가가 급락할 수 있지만, 배당금 인상을 해주면 주가 낙폭이 줄어들거나 오히려 오르는 경우가 많아요. 만약에 내가 애플이나 존슨앤드존슨 같은 기업 주식을 매수하려 한다면 이왕이면 배당금과 관련한 발표가 이뤄지기 전을 노리는 것이 유리할 수 있어요.

2024년, 애플은 실적과 함께 배당금 인상을 발표하면서 주가가 하루 만에 약 6% 뛰었죠. 0.10달러 인상한 정도이지만 회사 매출 둔화가 장기간 계속됐음에도 불구하고 수년간 꾸준히 배당을 늘려왔다는 점이 매수세를 끌었어요.

4월의 미국 주식 캘린더

APRIL_The High Line
SUN
MON
TUE
WED
THU
FRI
SAT
성 금요일 휴장
미국 세금 신고일
15
기업들 실적 발표 본격화 / 연준 FOMC 정기회의
- 부활절 전 금요일: 성 금요일 휴장
- 4월 15일: 미국 세금 신고일
- 마지막 주 어닝 시즌: 기업들 실적 발표 본격화
- 4월 말 혹은 5월 초: 연준 FOMC 정기회의

5월: 5월에는 팔고 떠나라(?)

장미 축제가 열리는 5월은 '계절의 여왕'으로 유명합니다. 그런데 뉴욕 증시에서는 5월부터는 신중하게 매수하라는 투자 주의보가 나오고는 합니다.

"5월에 팔고 떠나라Sell in May and Go Way"는 월가에 떠도는 유명한 격언이죠. 사실 이 말은 18세기 영국 런던 금융가에서 떠돌던 격언이 미국 월가로 흘러든 것이라고 합니다. 당시 영국에서는 경마 대회가 인기여서 "5월에 팔고 떠난 후 세인트 레저의 날에 돌아오라Sell in May and go away, come back on St. Leger's Day"는 말이 있었다고 합니다. 1776년 영국에서는 세인트 레저 스테이크스라는 클래식 경마 대회가 만들어졌는데요.

매년 9월 열리는 이 대회는 지금은 영국 5대 클래식 경마 대회이자 영국 내 삼관왕을 가리는 경주로 알려져 있습니다. 아무래도 즐길거리가 많지 않던 옛날에는 사람들이 이 경기에 열광했고, 경기가 끝나면 증시 매수세가 시작될 것이기 때문에 격언이 나왔다고 합니다. 그러니 이보다 살짝 앞서 매수를 시작하면 결과적으로는 저점 매수에 따른 이익을 낼 수 있을 것이라는 기대가 섞인 말입니다. 국내외 증시와 관련해 뉴스에도 종종 등장하는 말인데 5월이 지나면 시장이 약세이기 때문에 섣불리 매수하지 말라는 의미도 담고 있습니다.

매년 3월은 네 마녀의 날이나 연준 FOMC 정기회의, 4월은 어닝 시즌 등 어떤 방향으로든 증시에 영향을 줄 만한 이벤트가 일어납니다. 그렇다면 5월은 대체 무슨 일이 일어나기에 시장을 떠나라는 오

각 연도별 S&P 500 지수 변동률

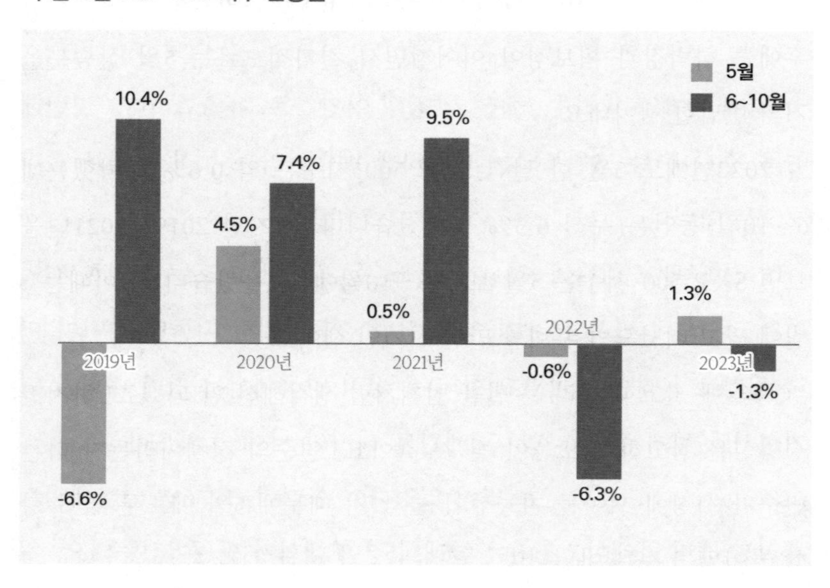

랜 경고음이 여전히 월가에서 주목 받는 걸까요?

우선 5월은 후반부까지도 엔비디아 같은 주요 기업이 실적을 발표하기는 하지만 S&P 500 기업들 대다수가 실적 발표를 끝내는 시기입니다. 실적과 관련해 호재가 있다면 5월 중반까지 어느 정도 반영이 끝났다고 볼 수 있어요. 무엇보다 3~4월이 실제로 강세장이었고 기업들 호실적 발표가 이어졌다면, 이후에는 차익 실현 매물이 나올 수도 있습니다.

'5월 매도론'은 정말 잘 들어맞는 말일까?

지난 2023년 5월 한 달간 S&P 500 지수는 약 1.3% 올랐습니다.

하지만 같은 해 6~10월 해당 지수는 약 1.3% 떨어졌죠. 5월이 지난 후에는 하락장과 횡보장이 이어지면서 결과적으로는 5월 상승분을 거의 반납한 셈이네요.

2022년에도 5월 한 달간 S&P 500 지수는 약 0.6% 하락했는데 6~10월 동안은 무려 6.3% 떨어졌습니다. 하지만 2019~2021년을 보면 S&P 500 지수는 5월 보다 6~10월에 더 올랐습니다. 이때는 5월에 팔고 떠났으면 후회할 만한 시기인 셈이죠.

'5월에 팔고 떠나라'는 말을 법칙처럼 생각해선 안 되겠죠. 하지만 경향성은 참고하면 도움이 될 것 같아요. 연준의 정책이라든지 다른 변수가 시장에 끼어들 가능성이 늘 있기 때문에 5월 매도론 역시 항상 들어맞는 것은 아닙니다.

일례로 2020년 5~10월 S&P 500 지수는 12% 급등했고 2021년에도 같은 기간 해당 지수가 10%가량 올라섰거든요. 2020~2021년은 연준이 중국발 코로나 19 대유행에 따른 경기 침체를 막기 위해 기준금리를 0%대로 낮추고 시중에 무제한으로 돈을 푼 결과 증시가 V자 반등을 했던 특수성이 있습니다. 전례 없는 유동성의 시대였죠.

이런 때는 무조건 5월 매도론만 생각하고 주식을 내다팔았다면 아쉬웠을 겁니다. 미국 캘리포니아주 샌디에이고에 본사를 둔 미국 투자사 LPL 파이낸셜이 2011~2020년 뉴욕 증시 데이터를 분석해본 것도 참고할 만합니다. 이 10년 동안 S&P 500 지수는 매년 5~10월 동안 평균 3.8% 올랐다고 해요. 주가가 하락한 연도는 2011년(-8.1%)과 2015년(-0.3%)이었다고 합니다.

그러니까 우리는 결국 스스로의 판단에 따르면 됩니다. 5월에 매도하라는 월가 격언을 어느 정도 의식해 볼만하지만 그렇다고 해서 이 말에 휘둘릴 필요는 없다는 것이죠. 현실에서 올해 5월 이후 뉴욕 증시가 약세라면, 그래서 내가 사고 싶은 종목도 주가 흐름이 영 별로라면 "주식은 떨어질 때 사서 오를 때 팔라"는 말을 떠올리면 됩니다. 약세장은 그간 사고 싶은 종목을 조금씩 적립식 매수할 기회로 만들 수 있으니까요. 반대로 5월 이후 뉴욕 증시가 강세를 보인다면 매매 타이밍을 저울질하면서 여유 있게 투자하면 됩니다.

5월의 미국 주식 캘린더

뉴욕 공립도서관(NYPL) 입구

SUN	MON	TUE	WED	THU	FRI	SAT
	연준 FOMC 정기회의					
	메모리얼 데이 휴장					

- 4월 말 혹은 5월 초: 연준 FOMC 정기회의
- 마지막 주 월요일: 메모리얼 데이 휴장

여름,
휴가철을 대하는 우리의 자세

여러분은 낙관론자이신가요, 아니면 비관론자에 가까우신가요? 여름 미국 증시는 누군가에게는 기회의 시간이고, 또 누군가에게는 후회의 시간이 될 수도 있습니다. 6~8월에 걸친 여름은 가을과 더불어 미국 증시 비수기로 통합니다. 항상 그런 것은 아니지만, 증시 트레이더들도 여름에는 휴가를 떠나서 그렇다고들 해요.

6월은 전형적인 약세장으로 통합니다. 하지만 7~8월은 기업들 분기 실적 발표가 몰리는 시기이죠. 그래서 주가 변동성이 커질 수 있습니다. 증시가 우상향할 것이라는 낙관론을 가지고 위험을 즐기는 투자자들이라면 여름은 재미있는 계절일 것이고, 증시가 하락할 수도 있다는 조바심 속에 위험을 피하고 싶은 투자자들에게는 잠시 쉬어갈 시간일 겁니다. 여름 미국 증시에서 매매를 한다는 건 어쩌면 파도를 넘나드는 서핑과 비슷할지도 모릅니다.

6월: 전형적 약세장과 포트폴리오 리밸런싱

여름의 시작을 알리는 6월은 투자해봐야 별로 이익을 낼 수 없는 재미없는 달로 통합니다. 앞에서 말한 월가 격언 "5월에 팔고 떠나라"도 6월부터는 별로 기대되지 않는다는 의미를 담고 있죠.

돌발 변수가 없는 한, 6월은 어닝 시즌도 아니기 때문에 밋밋해 보일 수 있는데요. 다만 앞서 3월에서도 봤던 것처럼 6월에도 네 마녀의 날이 있습니다. 바로 6월의 셋째 주 금요일이죠. 게다가 우리의 인생처럼 뉴욕 증시도 예측 불가능한 일들이 많이 일어나기 때문에 항상 불확실성이라는 걸 염두에 두면 오히려 차분한 마음으로 투자할 수 있어요.

6월은 한 해 상반기(1~6월)가 마무리되는 시기이고, 또 한 해 2분기(4~6월)의 마지막 달이죠. 우선 휴장일을 비롯해 매년 돌아오는 주요 일정을 먼저 확인해보고요. 또 6월부터 진짜 약세장이 왔는지, 약세장이라는 게 한 번 시작되면 얼마나 가는지 정리해보도록 하겠습니다.

6월의 이벤트: 준 틴스 데이와 네 마녀의 날

이달의 휴장일은 매년 6월 19일에 돌아오는 준 틴스Juneteenth 데이입니다. 미국 노예제 폐지를 기념하는 날인데, 연방 공휴일 중에서는 비교적 최근인 2021년에 공휴일로 지정되었습니다. 이날은 주식시장과 채권시장이 모두 문을 닫기 때문에 거래가 이뤄지지 않습니다.

준 틴스란 6월을 뜻하는 준June과 19일을 뜻하는 나인틴스19th를 합친 말이에요. 1865년 6월 19일 텍사스 주에서 마지막 흑인 노예가 해방된 것을 기념한다는 의미입니다. 당시 링컨 대통령이 1863년에 노예 해방을 선언하기는 했는데, 텍사스 주는 2년 후인 1865년 6월에야 마지막으로 노예 해방을 선포했다고 합니다.

준 틴스 데이는 어떤 연도에 따라서는 6월 '네 마녀의 날'과 겹칠 가능성도 있어요. 우리가 3월 부분에서 다뤘듯이 매년 3·6·9·12월 셋째 주 금요일은 네 마녀의 날입니다. 네 마녀의 날 이전 주간과 해당 주간에는 주가 변동성이 커질 수 있는 때이죠.

그리고 '네 마녀의 날'과 함께 떠올릴 만한 이벤트가 있습니다. 6월에는 연준이 FOMC 정기회의를 마치고 경제전망요약과 점도표를 같이 발표합니다. 3월 부분에서 다뤘듯이 연준 FOMC 정기회의 주간에는 미국 증시도 관망 모드에 들어가는 경향이 있는데, 특히 SEP와 점도표가 나오는 3·6·9·12월의 정기 회의 주간은 눈치 보기 장세가 연출되곤 합니다.

6월 약세장과 윈도 드레싱

자 그러면요. 뉴욕 증시가 정말로 6월부터는 약세장이었을까요? 6월은 '윈도 드레싱window dressing'이 이뤄지는 때라는 점에서 약세장 예상이 들어맞는 경우가 적지 않습니다.

윈도 드레싱이란, 기관 투자자들이 투자 결산 시기를 앞두고 보유 종목의 종가를 관리해 수익률을 끌어올리는 행위를 말합니다. 단어의 원래 뜻이 겉치장 혹은 눈속임을 의미해요. 기관 투자자 중에서도 특히 펀드 매니저들은 투자 수익률이 좋아야 자신의 연봉도 오릅니다. 그래서 수익률이 마이너스인 종목은 내다 팔고 수익률이 좋은 종목 비중을 늘리는 식으로 매매하죠.

고객들에게 투자 성과를 보여줘야 하는 결산 시기는 보통 월별, 분기별, 반기별, 연도별 등 다양하지만 6월이나 12월은 월·분기·반기가 모두 겹치는 달이기 때문에 미국 증시도 윈도 드레싱 영향을 받을 수 있습니다.

물론 개인 투자자 입장에서 윈도 드레싱은 받아들이기 나름입니다. '마음 편한 투자'를 지향한다면 굳이 의식할 필요는 없습니다. 다만 기회를 이용하고 싶은 개인 투자자들은 기관이 선호하는 종목을 윈도 드레싱 시기 이전에 미리 사뒀다가 해당 시기가 다가오고 주가가 오르면 내다 파는 단기 매매를 해서 차익을 얻기도 합니다. 물론 이건 쉽지만은 않은 전략이에요.

윈도 드레싱은 기관 투자자들의 단기 매매이기 때문에 시간이 지나면 오히려 하락장이 찾아올 수 있습니다. 개인 투자자가 이를 이용해서 차익을 내려면 매매 시점을 잘 잡아야 하는데 타이밍 맞추기는 주식 고수도 늘 실수하는 부분입니다.

자, 그러면 미국 증시가 6월에는 정말 뒷걸음질했는지 확인해볼까요? 6월 약세론은 하락장으로 악명 높았던 2022년을 생각해보면 맞는 말입니다. 2022년 6월 13일 S&P 500 지수는 '기술적 약세장'에 진입했습니다. 하지만 이날은 약세장 진단을 받은 날일 뿐이고 앞서 같은 해 1월부터 6월을 거쳐 10월까지도 쭉 분위기가 좋지 않았습니다.

2022년에는 S&P 500 지수가 1~10월 동안 25% 내려앉았는데요. 이렇게 무려 248거래일 동안 약세장이 이어진 탓에 1948년을 연상케 하는 최악의 시간으로 기록됐죠. 참고로 제2차 세계대전 이후 1948년의 미국 증시 암흑기는 6월에 시작해 무려 1년 가까이 지속됐는데요. 제국주의를 꿈꾸던 일본이 미국의 히로시마 원자 폭탄 공격을 계기로 무조건 항복을 선언하면서 비로소 종전이 이뤄진 때입니다.

미국은 가장 큰 전쟁 수혜국으로 떠올랐지만 미국 증시는 암흑기를 맞이하게 됩니다. 일단 제2차 세계대전이 끝나면서 이전까지 '기축 통화' 역할을 하던 영국 파운드화가 내리막길을 걷고 미국 달러화가 그 자리를 대신하게 되죠. 기축 통화라는 게 쉽게 말하면 국경을 넘나들어 화폐로 가치를 인정받는 돈, 언어로 치면 영어 같은 역할을 하는 돈이니 미국 경제도 나날이 번성할 수밖에 없습니다.

경제는 기회를 맞았는데 증시는 왜 가라앉았을까요? 아무래도 투자 심리와 관련이 있습니다. 전쟁 이전인 1930년대가 대공황 시기여서 이에 따른 폭락장의 충격이 사람들의 기억에 남아있었고요. 또 긴 전쟁이 이어져 투자 피로감을 불렀을 것이라는 설들이 나옵니다.

그런데 과거 흐름을 분석을 해보면 6월이 꼭 문제인 것은 아닙니다. LPL 파이낸셜이 1946년부터 2022년까지 뉴욕 증시 약세장을 분석한 것을 보면, 6월 즈음에 하락세가 시작된 적은 딱 두 번입니다. 그것도 1946년과 1948년이니 조금 먼 과거 이야기처럼 느껴지네요.

과거 S&P 500 지수 하락 기간

하락장 시작(월/일/연도)	하락장 끝(월/일/연도)	기간(개월)	S&P 500 낙폭
5/29/1946	5/19/1947	11.7	-28.5%
6/15/1948	6/13/1949	11.9	-20.6%
8/2/1956	10/22/1957	14.7	-21.6%
12/12/1961	6/26/1962	6.4	-28%
2/9/1966	10/7/1966	7.9	-22.2%
11/29/1968	5/26/1970	17.9	-36.1%
1/11/1973	10/3/1974	20.7	-48.2%
9/21/1976	3/6/1978	17.5	-19.4%
1/28/1980	8/12/1982	20.4	-27.1%
8/25/1987	12/4/1987	3.3	-33.5%
7/16/1990	10/1/1990	2.9	-19.9%
7/17/1998	8/31/1998	1.5	-19.3%
3/24/2000	10/9/2002	30.5	-49.1%
10/9/2007	3/9/2009	17	-56.8%
4/29/2011	10/3/2011	5.2	-19.4%
9/20/2018	12/24/2018	3.1	-19.8%
2/19/2020	3/23/2020	1.1	-33.9%
1/3/2022	10/14/2022	10	-25.3%

출처: LPL 파이낸셜 리서치, 팩트셋

각 연도별 6월 S&P 500 지수 변동률

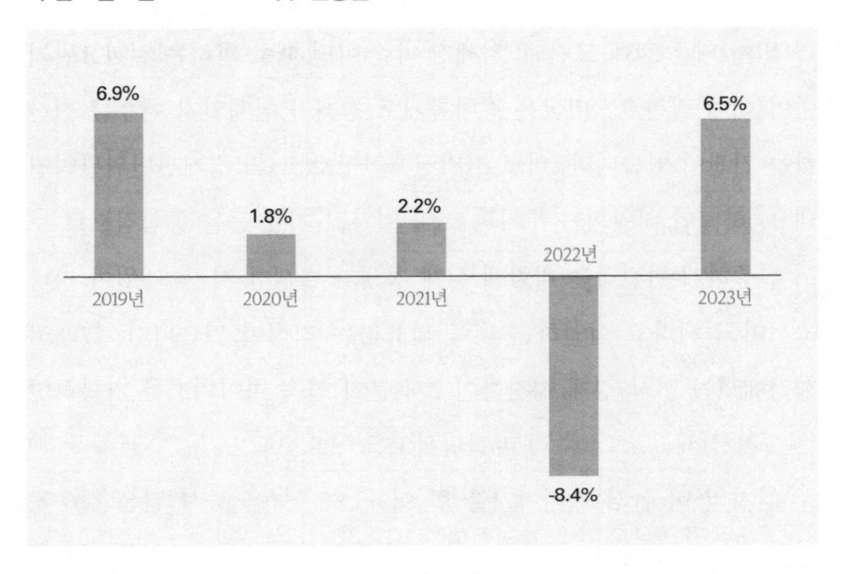

가장 최근으로 눈을 돌려볼까요? 코로나 19 대유행을 전후한 2019~2023년을 간단히 보겠습니다. 이 시기 매년 6월을 보니까 2022년을 제외하고는 나머지 4개 연도 6월에는 S&P 500 지수가 모두 상승했습니다.

2022년은 금리 인상이 시작되던 긴축의 시대 초입이었으니 6월만 아니라 대체적으로 미국 증시 분위기가 좋지 않았습니다. 나머지 기간도 우여곡절이 있었는데 이 말인즉, 6월이냐 아니냐가 중요하다기보다는 그해 혹은 그 시기 증시를 둘러싼 환경이 어땠는지가 더 중요하다는 겁니다. 뻔한 것 같지만 중요한 사실이죠.

증시가 '약세'에 빠졌다, 기준이 무엇일까요?

말이 나온 김에 그런데 '약세장'이란 어떤 때를 말하는 걸까요? 기준이 대체 뭘까요? 미국은 흥미롭게도 경제가 침체인지 여부를 진단하는 기관이 있습니다. 바로 전미경제연구소NBER의 경기판단위원회인데요. 하지만 위원회가 투자와 소비·일자리 지표 등을 종합적으로 보고 신중하게 판단하는 바람에 실제 침체가 발생한 지 몇 개월이 지나고서야 침체라고 선언하는 뒷북 발표라는 지적이 있습니다. 그래서 시장에서는 미국 경제 성장률이 2개 분기 연속 마이너스를 기록하면 '기술적 침체technical recession'라고 판단하고 있어요.

갑자기 미국 경제 이야기를 한 이유는요. 뉴욕 증시 같은 경우는 권위 있는 기관이 따로 약세장인지 강세장인지 진단해주지를 않습니다. 그래서 보통 시장에서는 뉴욕 증시 대표 주가지수가 전 고점 대비 10% 이상 떨어지면 '기술적 조정장세bear market', 20% 이상 떨어지면 '기술적 약세technical correction'에 접어들었다고 표현합니다. 조금 더 현실적으로 보면 기술적 약세에 접어들었다는 건, 그 이전부터 증시 분위기가 하락세였다는 걸 의미합니다.

미국 증시 회복력: 하락장은 얼마나 오래 이어질까요?

상황에 따라 다르기는 하지만 역사적으로 봤을 때 월가의 기술 분석 전문가들은 미국 증시 약세장이 평균 142거래일 동안 이어졌다고 합니다. 이 기간은 기술적 약세를 전후한 '하락의 시간'을 말해요.

투자자에게는 이익의 기쁨보다 손실의 아픔이 더 크게 느껴진다고들 합니다. 그래서 약세장은 너무나 길게 느껴질 수 있어요. 그런데 네드데이비스 리서치Ned Davis Research 분석을 보면 1929년 이후 미국 증시 약세장은 평균 9.6개월이었다고 합니다. 반면 강세장은 평균 2.7년 동안 이어졌다고 해요. 슬펐던 시간보다 행복했던 시간이 더 긴 셈입니다.

요즘 '회복력'이라는 단어가 많이 쓰입니다. 투자자 입장에서도 중요한 건 계좌에서 한 번 손실이 난 후 회복하는 속도인데요. 미국 증시는 한 번 약세장에 빠지면 대체로 얼마만큼의 시간이 지나야 반등하게 될까요?

물론 그때그때 상황에 따라 다르겠습니다. 하지만 예전에는 어땠는지 알게 되면 하락장에서 공황 매도 즉, '패닉 셀panic selling'하지 않는 용기, 나아가 필요에 따라선 저점 매수를 할 뚝심이 생기더라고요.

최근 미국 증시 하락이 두드러졌던 몇 번의 사례 중에 2024년 4월 중순 상황을 보겠습니다. 3월 말에 연중 최고점을 찍었던 S&P 500 지수가 4월 11일 이후 6거래일 만에 4.5% 떨어졌죠. 숫자만 보면 별 것 아닐 수 있지만 개별 종목이 아니라 주가지수이기 때문에 낙폭이 매우 컸습니다. '뉴욕 증시 공포지수'로 통하는 미국 시카고옵션거래소CBOE의 변동성지수VIX도 이 시기 급등했습니다.

'어쩐지 그동안 미국 증시가 오르기만 하더라, 이쯤에서 팔아야 할까?' 투자자들의 마음이 흔들리던 때, 전문가 분석을 소개해볼게요. 당시 샘 스토벨 CFRA 최고 전략가는 "연준이 금리를 더딘 속도로 인하할 것이라는 시장 불안이 커지고 있지만 과거를 보면 역사는 계속

하락장에 슬퍼할 필요 없는 이유 '반등'

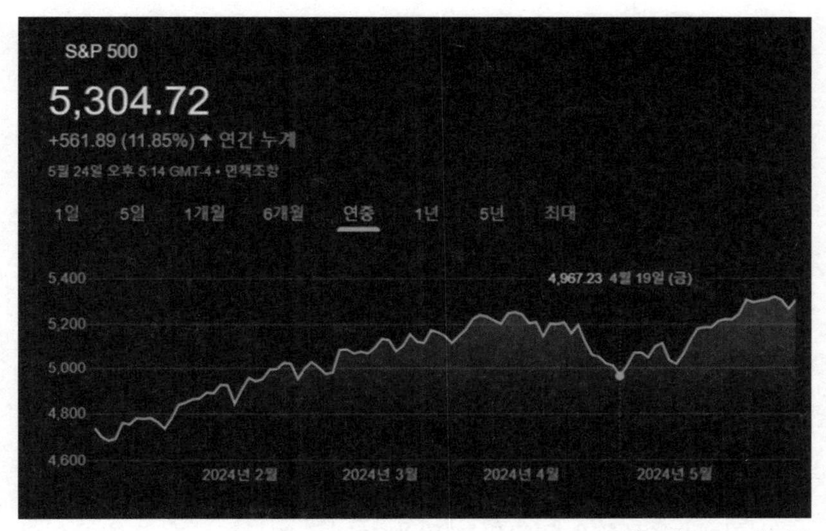

*2024년 1~5월 S&P 500 지수 흐름

매수하는 것이 더 유리하다는 점을 알려준다"면서 "제2차 세계대전 이후 증시는 24번의 조정(=단기 하락장)이 이루어졌으며 이후 S&P 500 지수가 하락에 따른 손실을 전부 회복하는 데는 불과 4개월 밖에 걸리지 않았고, 심지어 1990년 이후로 기간을 좁혀보면 조정에 따른 손실을 회복하는 데 3개월 정도가 걸렸다"고 언급했습니다. 그러니까 계속해서 사는 것"Just Keep Buying"이 유리할 수 있겠네요.

실제로 4월 중순 잠깐의 하락장이 지난 후 미국 증시는 꾸역꾸역 회복세를 이어가면서 같은 해 5월 15일까지 6.9% 반등했습니다. 그리고 같은 달 S&P 500 지수가 사상 최고가를 기록했죠. 한 마디로 V자 반등을 이룬 시기였습니다.

시장을 흔드는 하락장은 언제나 찾아옵니다. 하지만 하락장에 흔들려서 손절매를 하는 것보다는 오히려 기회로 여기면서 저점 매수 타이밍을 잡는 것이 결과적으로는 더 유리한 전략일 수 있습니다. "싸게 사서 비싸게 팔아라"라는 말을 실현하는 것이 막상 그렇게 쉽지는 않지만, 이렇게 과거의 흐름을 보다 보면 마음이 또 달라집니다.

하나만 더, LPL 파이낸셜의 약세장 분석을 보면요. S&P 500 주가지수가 20% 이상 하락한 후에 다시 원점으로 회복하기까지는 평균 19개월이 걸린다고 합니다. 지수 낙폭이 20% 이상 25% 미만이었을 때는 다시 회복하는 데까지 평균 7개월이 걸린 반면 낙폭이 25% 이상이었을 때는 평균 27개월 이상이 걸렸고요.

물론 이런 분석은 과거의 경험을 토대로 한 것일 뿐 항상 들어맞는 법칙 같은 것은 아니라는 점을 항상 염두에 둬야 하겠죠. 하지만 경향성이라도 알 수 있다면 투자할 때 마인드 컨트롤에 도움이 되는 건 분명합니다.

6월의 미국 주식 캘린더

롱아일랜드시티 펩시콜라 구조물

SUN	MON	TUE	WED	THU	FRI	SAT
				연준 FOMC 정기회의·경제전망		
			준 틴스 데이 19		네 마녀의 날	

- 6월 중순: 연준 FOMC 정기회의·경제전망
- 6월 19일: 준 틴스 데이 기념 휴장(주말인 경우 대체 휴일)
- 셋째 주 금요일: 네 마녀의 날

7월: 여름 어닝 시즌과 강세장

자, 이제 7월로 넘어와 볼까요? 강렬하게 내리 쬐는 햇빛과 열기가 한창인 이 시기는 여름휴가가 시작되는 달입니다. 늘 예외는 있지만 미국 증시가 대체적으로 오름세를 타는 달이기도 하고요.

7월의 이벤트: 독립기념일과 어닝 시즌

우선 미국 증시 휴장일부터 짚고 넘어갈게요. 우리 모두에게 쉬는 날은 언제나 소중합니다. 게다가 투자자 입장에서 휴일 전날은 거래량이 적어 비교적 한산하고 주가와 지수 변동도 잠잠한 경우가 많다는 점을 생각해야 하죠.

매년 7월에는 미국 독립기념일Independence Day이 있습니다. 바로 7월 4일인데 연방 정부 공휴일입니다. 이날을 기념해서 뉴욕증권거래소와 나스닥거래소를 포함해 미국 증시가 전체 휴장합니다.

미국 독립기념일과 관련해 재미있는 부분이 있어요. 엄밀히 말해 이날은 미국이 영국으로부터 독립한 날이 아니고 1776년 7월 4일 독립 선언문을 채택한 날입니다. 미국 독립이 공식 승인된 건 파리조약이 체결된 날인 1783년 9월 3일이에요.

명칭은 조금 다르지만 우리나라와 비슷하죠? 우리나라의 삼일절은 1919년 3월 1일 독립을 선언한 것을 기념하는 날이고, 실제로 독립을 기념하는 날은 1948년 8월 15일 대한민국 정부가 공식적인 독립국가로 수립된 광복절이니까요.

우리나라는 삼일절과 광복절 모두 쉬는 날이지만 미국은 7월 4일만 공휴일이고 9월 3일은 아닙니다. 투자를 하다 보면 다른 나라 역사도 슬쩍 들여다 볼 일이 생긴다는 점도 의미가 있는 것 같습니다.

그리고 7월은, 매년 네 번씩 돌아오는 어닝 시즌입니다. 기업들 실적 발표 때는 복잡한 재무 용어가 나오는데요. 용어와 숫자에 너무 스트레스 받을 필요는 없습니다. PART 3에서 봤듯이, 기업들 실적 발표에서 확인해야 할 기본적인 세 가지만 챙겨도 남들에게 뒤쳐질 일은 없습니다.

7월 반등장

흥미로운 점은 7월이 한 해의 열두 달 중 가장 강세가 두드러지는 달이라는 점입니다. 물론 과거 경험을 분석한 결과일 뿐입니다만 재미있지 않나요? 일반적으로 강세장과 관련해서 가장 유명한 것은 연말 산타랠리인데 말입니다.

과거를 돌아보면 어떤 달은 유독 투자하기 좋은 때라는 생각이 들기도 합니다. '월가의 강세론자'로 유명한 에드 야데니가 세운 미국 시장 조사업체 야데니리서치 분석을 가져와보겠습니다.

야데니리서치가 2023년 5월 말까지를 기준으로 최근 95년간 데이터를 집계해보니 열두 달 중 상승세가 부각된 달은 네 개 달이었습니다. S&P 500 지수 상승세가 강한 순서대로 보면 7월(평균 1.7%), 4월(1.4%), 12월(1.3%), 1월(1.2%) 순이죠. 그러니까 과거를 보면 매년 7월은 S&P 500 지수가 1.7%가량 올랐던 겁니다.

과연 7월은 '반등장'일까요?

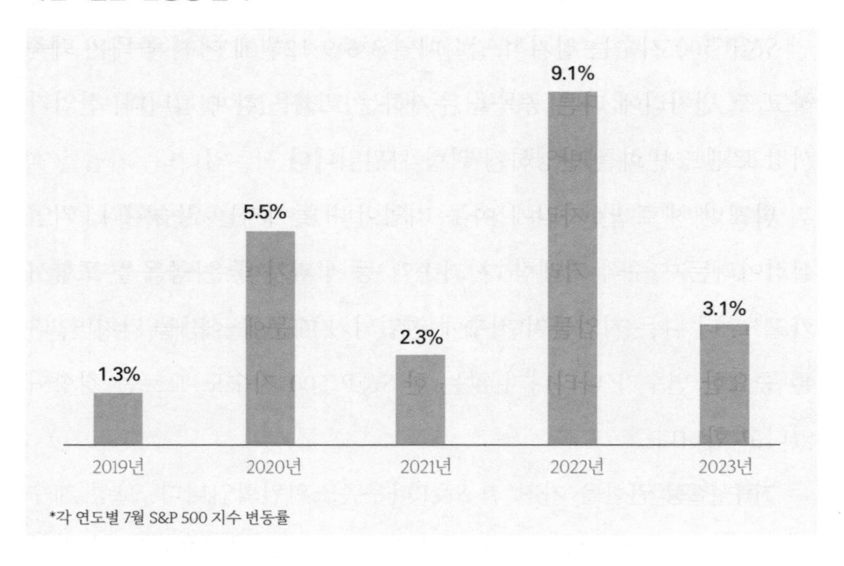

*각 연도별 7월 S&P 500 지수 변동률

그렇다면 최근에는 어떨까요? 코로나 19 대유행을 전후한 2019~2023년 7월을 보니 확실히 5개년도 모두 7월에는 S&P 500 지수가 올랐습니다. 참고로 2024년 7월은 후반에 지수가 급락했지만 한 달 전체 기준으로는 1.13% 올랐어요.

그런데 7월에는 왜 주식시장이 상승세를 보이는 걸까요? 산타랠리만 해도 보통 연말연시에는 최대 명절 격인 크리스마스 연휴가 끼어 있어서 사람들 소비도 늘고 기업들 실적도 좋아지는 경향이 있습니다.

사실 7월에 미국 증시가 왜 오르는 경향이 있는지 아직은 뚜렷한 분석이 나오지 않았습니다. 하지만 4월과 마찬가지로 7월도 어닝 시즌 효과를 생각해볼 수 있습니다. 그리고 6월 S&P 500 지수 재조정 효과도 생각해볼 수 있는데요.

S&P 500 지수는 정기적으로 매년 3·6·9·12월에 어떤 종목은 퇴출하고 그 빈자리에 다른 종목을 추가하는 조정을 하게 됩니다. 산업과 시장 트렌드 변화를 반영하기 위한 차원입니다.

하지만 새로 난 자리에 아무 기업이나 들이지는 않습니다. 기업 실적이라든지 주식 거래량, 시가총액 등 성과가 좋은 종목을 포함시키고요. 더 나은 기업들이 지수에 편입되기 때문에 조정을 거치면, 다른 중요한 변수가 나타나지 않는 한 S&P 500 지수도 오르는 경향이 있다고 합니다.

지수 조정 권한을 가진 건 S&P다우존스위원회입니다. 보통 지수 조정 사실을 미리 발표하고 특정 날짜부터 변경 사항을 적용하게 됩니다. 조정된 사항은 보통 매년 분기 말인 3·6·9·12월의 세 번째 금요일에 적용됩니다.

그러니 이렇게 조정이 이뤄진 다음 달인 4·7·10·1월에는 지수 성과가 나아질 가능성이 있겠죠. 물론 어디까지나 이런 해석들은 경향성에 관한 것인 만큼 반드시 오르거나 내릴 것이라는 인과관계가 있는 건 아닙니다.

7월의 미국 주식 캘린더

- 7월 4일: 독립기념일 기념 휴장(주말이라면 대체 휴일)
- 마지막 주 어닝 시즌: 기업들 실적 발표 본격화
- 7월 말: 연준 FOMC 정기회의

8월: 여름휴가 성수기, 증시는 비수기

자, 이제 8월로 넘어와 보겠습니다. 태양이 뜨겁게 빛나는 7월 말에서 8월 초는 여름 휴가철 성수기로 통하죠. 우리나라처럼 북반구에 위치한 미국도 예외는 아니어서 월가 투자자들도 이 시기에는 휴가를 떠납니다.

1950년 이후 미국 증시는 8~10월에 하락세가 두드러졌다고 합니다. "남들 휴가 갈 때 같이 쉬어라"는 말도 나올 정도인데요. 이 달은 딱히 공휴일도 없기 때문에 미국 증시는 쉬는 날 없이 운영됩니다.

8월의 이벤트

여러분은 미국 정부 예산안 협상 실패에 따른 셧다운Shutdown이라든지, 부채 한도 협상 실패에 따른 국가부도(채무불이행default) 리스크에 관한 뉴스를 들어보셨나요? 미국 주식 투자자에게는 미국 연방 정부 예산안 편성이나 정부 부채 한도를 둘러싼 워싱턴DC 정가 협상 이슈가 꽤 중요합니다.

미국 워싱턴DC 정가에서 벌어지는 일까지 우리가 신경을 써야하나 싶은 생각이 들 수도 있습니다. 하지만 어떤 경우에는 미국 주식시장이 덩달아 하락 압박을 받곤 해요. 바로 이 부분이 주식 매매 타이밍 측면에서 우리에게 중요합니다.

우리가 미국 정치에 대해 심도 있게 알아야 미국 주식을 할 수 있는 건 아니에요. 뉴스를 볼 때는 '연방 정부 예산안 협상Budget Deal 지연'

에 따른 셧다운 위기와 '정부 부채 한도 협상Debt Ceiling Deal 지연'에 따른 국가 부도 위기가 다르다는 것 정도만 알아도 좋습니다.

결론적으로는 그때그때 시장을 둘러싼 환경에 따라 주식시장 반응도 다릅니다. 단지 시간적 흐름에 따라 '아, 지금 시기쯤 됐으면 워싱턴DC 정가가 기싸움을 벌이겠구나, 국채 가격이라든지 업종별로 뜨고 지는 주식들이 있겠구나' 정도로 미리 알고 있으면 투자하는 사람 입장에서는 마음 다스리기도 좋고 또 매매 타이밍을 잡을 기회가 오기도 하니 알아두면 좋습니다.

워싱턴DC 정가의 기싸움, 연방 정부 예산안 협상

우선 예산안 협상과 관련해서 간단히 볼게요. 미국에서 예산을 둘러싼 워싱턴DC 기싸움이 시작된 건 1974년 이후입니다. '의회예산 및 지출거부통제법Congressional Budget and Impoundment Control Act of 1974'에 따르면 의회가 독자적으로 예산편성권을 갖게 되는데요. 예산을 짠다는 의미의 예산 편성권뿐 아니라 예산안 심의·의결 권한도 있기 때문에 정부도 의회 눈치를 보지 않을 수 없습니다.

연방 의회는 상원과 하원으로 나뉩니다. 대부분 셧다운 리스크가 생기는 때는 정부가 제출한 예산안에 대해 의회가 이견을 내는 경우입니다. 셧다운이란 나라의 필수 기능인 국방·교통·보건·소방·전기·수도·치안과 자체 예산으로 운영되는 우정사업 정도를 제외하고, 일시 휴업 모드에 들어가면서 연방 정부 부처가 문을 닫는 것을 말하는데요. 특히 우리나라로 치면 '여소야대'에 가까울수록 대통령이 이끄는 연방 정부 및 대통령 소속 정당인 '여권'과 의회 내 다수석인 반대 정당 '야권' 간 갈등이 크고 예산안 협상도 힘들어지는 것이 어쩌면 당연한 일입니다.

그러니 정부가 의회에 제출할 예산을 짜는 과정을 중심으로 볼게요. 미국 연방 정부의 회계연도는 매년 10월 1일에 시작됩니다. 그러면 정부는 전년도 9월까지 부서별로 예산요구서를 만들고요. 그런 후 관리예산처(OMB)라는 곳에서 부처 간 예산안을 조정하면 예산요구서 최종본이 만들어집니다. 이 최종본을 정부가 다음 해 2월 첫째 월요일까지 의회에 제출합니다. 그러면 의회는 4월 15일까지 상·하 양원 예산위원회를 연 후, 합동예산결의안을 의결하게 됩니다. 이 합동예산결의안은 법적 구속력은 없고 대략적인 내용만 반영한 버전입니다.

그러면 다음 차례는 구체적으로 예산을 짜야겠죠? 미국은 예산이 법률에 근거하는 '예산 법률주의'이기 때문에 예산을 구체적으로 배분하려면 법적 근거가 있어야 하므로, 세출법안(세금지출법안)을 의회가 만들게 됩니다. 상·하의원이 각각 이 세출법안을 통과시킨 후 다시 한 번 의견 차이를 조정하기 위해 양원합동위원회가 구성됩니다. 법안이 상·하원을 통과하면 정부로 이송되는데 대통령은 이 법안을 10일 이내에 동의 혹은 거부할 수 있습니다.

한편 회계연도가 시작하는 10월 1일까지 세출법안이 의결되지 않는 경우, '적자방지법Anti-Deficiency Act, ADA'에 따라 정부 셧다운이 벌어지게 돼요. 예산안은 매년 협상하는 것이지만, 특히 대통령 선거가 열리는 해의 예산안은 결정하는 과정에서 많은 갈등이 벌어지겠죠? 현직 대통령은 선심성 예산을 더 따야 선거 때 유리하고 야권은 이것을 견제하는 게 유리하기 때문입니다.

셧다운은 1995~1996년, 2013년, 2018~2019년 등 수차례 발생해서 우리에게 익숙한 이벤트입니다. 이 중 가장 우여곡절이 많았던 셧다운은 버락 오바마 행정부 시절에 일어났습니다. 17년 만에 처음 있는 셧다운이었는데 2013년 10월 1일부터 16일 동안 이어졌습니다.

이른바 '오바마 케어Obama+healthcare'로 불리는 건강보험개혁법안에 대한 합의가 이뤄지지 못하면서 의회가 예산안 처리 시한을 넘겼는데요. 해당 법안은 '적정부담보험법Affordable Care Act'에 따른 건강보험 가입 대상을 전 국민으로 확대한다는 내용이었어요. 법안 좌초는 물론 예산안 처리까지 데드라인을 넘기게 된 결과 연방 정부 공무원들 약 85만 명이 무급으로 휴가를 가게 되었죠.

정부 부채 한도 협상이 지연되면 국가부도?!

다만 국가부도 위기가 대대적으로 뉴스에 나온 것은 2011년 7월 여름과 2023년 5월 정도입니다. 가장 최근 미국 국가부도 위기는 2023년 봄입니다. 당시 미국 정부의 부채 규모는 의회가 정한 부채 한도 상한에 가까워졌습니다. 이 말은 정부가 세금을 걷어 올린 수입보다 쓰는 돈이 더 많아서 채권(국채)을 발행해 빌린 돈으로 지출을 하고 있었는데, 채권 발행을 더는 할 수 없는 만큼 많이 한 나머지 더 이상은 그걸 못하게 됐다는 말입니다. 일반인으로 치면 신용카드 빚을 내서 생활하고 있었는데 카드빚이 너무 쌓여서 사용이 중단된 상황과 비슷합니다.

빚을 갚아야 돈을 쓸 수 있는데 한꺼번에 그간 쌓여온 많은 빚을 갚기도 힘들죠. 단기간에 국가부도를 피하려면 의회가 부채 한도 증액을 해줘야 합니다. 그해 5월 조 바이든 정부와 야권 격인 공화당이 극한 대립을 이어갔고 당시 미국 재무부는 이르면 6월 1일, 미국이 부도에 이를 수 있다고 경고했습니다.

우여곡절 끝에 정부와 야권은 5월 말 정부 지출을 감축하는 대신 부채 한도를 2년간 높이기로 극적 합의했습니다. 하지만 같은 해 8월 1일 '3대 국제 신용평가사' 중 한 곳인 피치는 미국 국가 신용 등급을 기존 최고 등급인 'AAA'에서 'AA+'로 하향 조정했습니다. 재정적자 증가 우려와 재정문제를 둘러싼 워싱턴DC 정가의 극한 대립 등을 이유로 들었죠. 3대 신용평가사로 꼽히는 곳이 미국 신용 등급을 내린 것은 2011년 이후 12년 만에 처음이었습니다. 이후 같은 해 11월에는 무디스가 미국 신용 등급 전망을 '안정적'에서 '부정적'으로 낮췄죠.

이런 상황은 2011년 중반과 비슷했습니다. 당시 버락 오바마 정부의 부채 규모는 의회가 정한 부채 한도 상한에 가까워졌습니다. 워싱턴DC 정가가 부채 협상을 둘러싸고 대립하면서 갈피를 잡지 못했고 이 때문에 재무부는 2011년 8월 2일까지 미국이 부도가 날 가능성을 경고했습니다. 그리고 그해 2011년 8월 5일, 3대 신용평가사 중 한 곳인 S&P가 정부 부채 문제를 이유로 미국 국가 신용 등급을 최고등급인 'AAA'에서 'AA+'로 한 단계 강등했습니다.

2011년 주식시장은 2023년과 달리 쇼크에 빠졌습니다. 미국 증시는 2009년 이후부터 강세장을 이어왔고 S&P 500 지수는 그 와중인 2011년 4월 말 고점을 찍었습니다. 하지만 8월 국가 부도 위기에 내몰리자 하락세를 타면서 10월 초 저점을 찍었죠. 그해 4월 말부터 10월초까지 S&P 500 지수는 19.4% 급락했는데 중소형주 중심인 러셀 2000 지수는 같은 기간 무려 29.6% 떨어졌습니다. 기술주 중심의 나스닥 100 지수는 16.1% 하락했는데, 기술주는 잘 버틴 반면 중소형주는 타격이 더 컸던 셈입니다. 업종별로는 금융주가 가장 큰 타격을 입었고, IT와 유틸리티 업종은 비교적 낙폭이 작았습니다.

예산안 처리가 늦어져도 앞서 정부 필수 분야와 자체 예산 사업은 그대로 돌아갑니다. 물론 연방 공무원들은 무급 휴직을 가야 하지만, 언제가 됐든 예산안이 승인되면 공무원들이 그간 밀린 임금도 받을 수 있습니다.

하지만 부채 한도 초과는 더 심각합니다. 부채 한도에 따른 국가 부도 리스크는 단순한 셧다운 문제를 넘어 기업 투자와 민간 소비 등 경제 전반에 훨씬 큰 부정적인 영향을 줄 수 있습니다.

다만 어느 나라나 정부 부채 문제는 시한폭탄 같은 문제입니다. 고령화와 의료비 증가에 따라 재정 악화가 가중될 수밖에 없기 때문인데 명쾌한 해답이 나오기 힘든 부분입니다. 다만 흥미로운 사실은 투자자들이 이런 예산안이나 부채 한도를 둘러싼 워싱턴DC의 지리한 갈등에 적응해 나간다는 점입니다.

예를 들면 2011년은 버락 오바마(미국 민주당) 대통령이 집권하던 시기입니다. 당시 8월에 워싱턴DC 정가는 정부 부채 한도 협상을 벌였는데 민주당과 공화당이 서로 양보를 하지 않은 탓에 국가 부도 위험이 커졌습니다.

고질적인 정쟁 다툼 탓에 미국 사상 첫 국가 신용 등급 강등이 이뤄진거죠. 그렇다보니 증시는 패닉에 빠졌습니다. 세상에서 가장 망하지 않을 것 같은 나라로 통하는 미국의 신용 등급이 떨어졌으니까요. 발표가 나온 바로 다음 거래일인 그해의 8월 8일 뉴욕 증시에서 S&P 500 지수는 하루 새 7% 가까이 급락했죠. 이후에도 증시가 약세를 거듭한 결과 S&P 500 지수는 2011년 8월 1일 기준으로 두 달 만에 15% 가까이 떨어졌습니다. 당시 금융 혼란이 외국인 투자 심리를 흔든 탓에 우리나라 증시도 영향을 받았죠. 한국에서도 주식 투매가 벌어지면서 코스피 지수가 두 달 만에 17% 급락했습니다.

12년 후, 2023년 미국은 두 번째로 신용 등급을 강등당했습니다. 민주당 출신 조 바이든 정부 시기인 이때 민주당과 공화당이 정부 부채 한도 협상을 질질 끌면서 또 다시 국가 부도 위험이 불거진 탓입니다.

연방 정부 예산안 협상 실패에 따른 셧다운은 공화당의 도널드 트럼프 정부 시절을 비롯해 이전에도 종종 벌어진 적이 있지만, 국가 부도 위험은 조금 차원이 다릅니다. 고질적인 정당 갈등 탓에 2011년 이후로도 정부 부채 한도 문제가 계속 이어지자 글로벌 신용평가사 피치는 2023년 8월 1일 뉴욕 증시 마감 후 미국의 국가 신용 등급을 가장 안전한 최상위 등급인 AAA에서 한 단계 아래인 AA+로 낮췄습니다.

하지만 '학습 효과'라는 것이 있어서 이번에는 시장 반응이 패닉이라고 할 정도는 아니었어요. 바로 다음 날 뉴욕 증시에서 S&P 500 지수는 하루 만에 약 1.5% 떨어졌고, 10월 31일까지 두 달간 9% 정도 떨어졌습니다.

2011년에 비해서는 차분한 반응이죠? 하지만 예산안이나 부채한도 관련 협상이 실제로 타결되기 전까지 미국 주식과 국채는 워싱턴DC 정가에서 흘러나오는 기싸움 뉴스를 따라서 덩달아 가격이 출렁일 수 있습니다.

8월 약세장

월가에서 8월은 흔히 미국 주식 투자하기에 재미없는 달로 통한다고 합니다. 최근 10년만 봐도 S&P 500 지수의 8월 평균 변동률은 0.1%여서 사실상 제자리걸음하는 정도였습니다. 시간을 조금 더 넓혀서 최근 20년으로 확장하면 8월 평균 변동률은 금융정보업체 팩트셋FactSet 집계를 기준으로 −0.1%였습니다.

그렇다면 우리에게 더 익숙한 최근 5년의 시간을 볼까요? 지난 2019~2023년 동안 2020년과 2021을 제외하고 8월은 모두 하락장이었습니다. 여기에서 2020년과 2021년은 코로나 19 대유행으로 인해 미국 연방 정부가 막대한 보조금을 풀고 연준도 기준 금리를 0%대 초저금리로 설정한 전례 없는 유동성의 시대였죠. 이런 시대적 특수성을 제외하고 과거와 최근 흐름을 같이 보면, 확실히 8월은 여름휴가 성수기일 수는 있어도 미국 증시는 비수기인 것 같은 느낌이 듭니다.

그냥 쉽게 말해서 8월은 과거를 돌아보면 주가가 별로 오르지도, 내리지도 않는 제자리걸음의 시간이었다고 볼 수 있어요. 월가 트레이더를 비롯한 많은 투자자들이 여름휴가를 떠나는 시즌이다 보니 미국 증시 거래량이 줄어들기 때문이라는 분석이 많습니다. 물론 기업들 실적 발표가 8월에도 이어지기 때문에 실적 발표를 하는 개별 기업 주가는 급등락할 수 있지만 전반적으로 미국 증시가 휴가 모드라는 거죠.

그런데 우리가 투자자 입장에서 다르게 생각할 부분도 있습니다. 8월이 시세 변동폭이 크지 않은 시기라고 한다면, 오히려 마음 편하게 주식을 사서 모을 만한 시기라고 생각할 수 있어요. 다만 9월이 다가온다는 점을 감안해서 주식을 한꺼번에 사고팔기보다는 조금씩 부분 매매하는 편이 위험 관리 측면에서 유리합니다. 대체 왜 그런지 9월로 한 번 넘어가 보겠습니다.

8월의 미국 주식 캘린더

맨해튼 센트럴파크의 나들이 풍경

SUN	MON	TUE	WED	THU	FRI	SAT

- 여름휴가 시즌

PART 5

미국 주식의 가을과 겨울, 그리고 매매 타이밍

가을,
'워싱턴DC 블루스' 정치의 계절

가을은 풍성한 계절입니다. 우리나라에는 추석이 있고 미국에는 추수감사절이 있죠. 하지만 미국 증시만큼은 가을이 약간의 하락을 감수해야 하는 시기로 꼽히기도 합니다. 여기에서 가을이라고 하면 통상 9월에서 11월을 말하는데요. 특히 인기가 없는 달은 9월과 10월이고, 11월은 매수세가 살아나는 시기로 통해요. 물론 어디까지나 과거의 경향에 비춘 이야기입니다만, 왜 이런 말이 나왔는지 들여다볼까요?

9월: 미국 증시 최악의 달

9월은 한 세기를 통틀어 미국 증시 '최악의 달'로 통합니다. 과거를 돌아봤을 때 평균적으로 가장 안 좋은 성적을 냈기 때문이라고 합니다. 대체 얼마나 안 좋은 분위기인지, 왜 하필 9월이 문제인지를 들여다본다면 우리가 매매 시기를 결정할 때 도움이 되겠죠?

9월의 이벤트: 노동절과 네 마녀의 날

우선 이번 달 공휴일 일정부터 확인하고 이야기를 시작하겠습니다. 9월에는 근로자의 날(노동절)이 있습니다. 9월 첫째 주 월요일이고요. 연방 공휴일이기 때문에 뉴욕 증시를 비롯한 뉴욕상업거래소NYMEX도 쉬어갑니다.

그런데 여러분, 미국은 왜 근로자의 날이 9월에 있는지 궁금하지 않나요? 우리나라를 포함해 근로자의 날은 보통 5월에 있기 때문에, 이날을 메이데이May Day라고 부르곤 하는데 말이죠.

흔히 말하는 '메이데이' 근로자의 날은 미국 노동자를 기념하기 위해 만들어졌습니다. 1886년 5월 1일을 전후해 미국 노동자들이 하루 8시간 근로제를 쟁취하기 위해 단체 파업에 나섰는데요. 특히 시카고 일대를 중심으로 노동자와 경찰 간 충돌로 유혈 사태가 벌어진 사건이 있었습니다. 이후 1889년 파리에서 각국 노동 운동가들이 모여 미국 사건을 기념하기 위해 5월 1일을 노동자의 날로 선언하게 된 겁니다. 그런데 정작 미국은 이날을 피했습니다. 메이데이 때마다 벌어지는 시위와 파업 때문이라고 알려져 있습니다.

마지막으로 9월에는 네 마녀의 날과 연준 SEP가 나오죠. 네 마녀의 날 주간과 이를 전후해서는 주식시장 변동성이 커지는 경향이 있고요. 또 연준이 SEP를 내는 FOMC 회의 주간에는 시장도 관망 모드에 들어가기 때문에 분위기가 한산한 편입니다.

악명 높은 9월 약세장

그래서 뉴욕 증시로 돌아와 보면요. 가장 최근을 보면 2019~2023년 5년간 매년 9월에는 S&P 500 지수 낙폭이 두드러졌습니다. 물론 2019년에는 올랐지만 대체로 낙폭이 크네요.

매년 9월은 지난 2022년을 기준으로 최근 10년간 S&P 500 지수가 연평균 1% 떨어진 달입니다. 아예 1928년까지 거슬러 올라가보면 역시나 9월에는 지수가 평균 1.1% 떨어졌습니다. 물론 과거의 경향이 그렇다는 얘기이기는 합니다만, 왜 이런 일이 벌어질까요? 프랑스 인시아드INSEAD 경영대학원의 릴리 팡Lily Fang 금융학과 교수가 '9월 효과'

최근 5년간 S&P 500 지수 9월 변동률

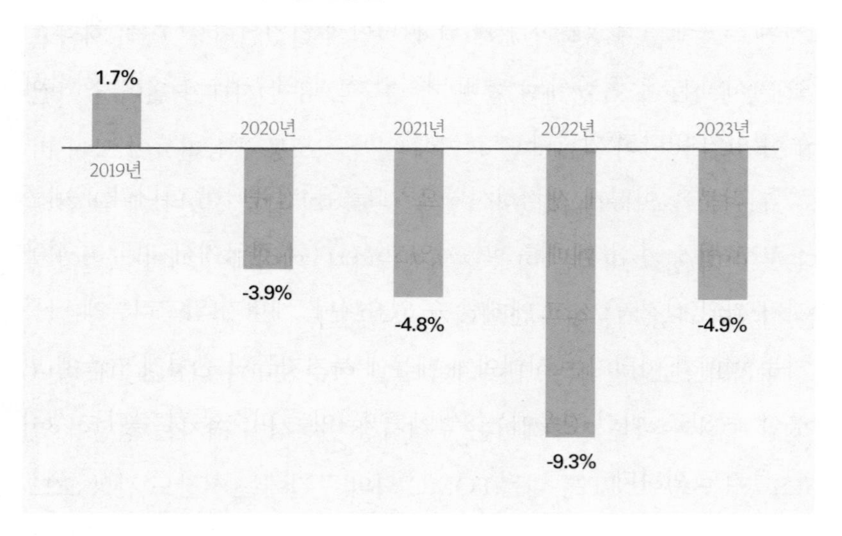

에 대해 인터뷰한 내용을 잠시 빌려와보겠습니다.

보통 여름이 한창인 8월에는 월가 투자자들이 휴가를 떠나기 때문에 증시에 호재가 있든 악재가 있든 관심도가 떨어진다고 합니다. 다시 다들 일터로 복귀하는 9월이 되면 그제서야 그간의 호재나 악재가 거래에 반영되고 주가에 영향을 주게 됩니다.

특히나 거래량이 적은 여름 휴가철에는 시장이 호재보다는 악재에 더 천천히 반응하다가 9월이 되어서 본격적으로 반응하게 된다고 합니다. 그 이유는 간단합니다. 기업이 좋은 소식을 발표하면 누구나 주식을 살 수 있어요. 하지만 나쁜 소식을 발표하면 주식을 보유한 사람만이 자기가 가진 주식을 내다팔 수 있겠죠. 그런데 그 사람들이 8월까지는 휴가를 떠났으니 매도세가 덜 부각됐다가 이들이 돌아온 9월에나 주식 매도가 이뤄지는 식입니다.

사실 이 부분은 단순히 9월뿐 아니라 긴 연휴가 낀 시기에도 해당이 되는 부분이죠. 그래서 미국뿐 아니라 중국이나 싱가포르, 홍콩 같은 아시아 주요국 증시도 주요 명절인 설날 이후에는 주가가 하락하는 경향이 있다고 합니다.

여러분은 어떻게 생각하시나요? 요즘은 컴퓨터뿐 아니라 휴대폰으로도 쉽게 주식 매매를 할 수 있고, 심지어 한국에서 미국 주식을 시차 거의 신경 안 쓰고 매매할 수 있습니다. 게다가 알고리즘에 따른 자동 매매가 이뤄지는 시대이기 때문에 투자자들이 손쉽게 뉴스에 반응할 수 있죠. 이런 경우에는 8월이든 9월이든 비슷할 것 같다는 생각이 들기도 합니다.

다만 최근 10년을 보든 거의 100년 전인 1928년 이후부터를 보든, 9월에는 S&P 500 지수로 대표되는 뉴욕 증시가 연평균 1% 정도 떨어졌다는 점이 재미있지 않나요? 물론 어디까지나 과거에 그랬고 앞으로는 또 다를 수 있지만 말입니다.

"그래서 9월에는 주식을 하지 말라는 거냐?" 하고 물으신다면 저는 오히려 이때를 눈여겨 볼 것 같습니다. 통계적으로 9월이 열두 달을 통틀어 증시 최악의 달로 꼽힌다면 그런 때야 말로 저점 매수에 나서기 좋은 기회라는 발상의 전환을 해볼 수 있기 때문입니다.

9월의 미국 주식 캘린더

맨해튼 5번가의 기마 경찰들

- 첫째 주 월요일: 근로자의 날 휴장
- 9월 중순: 연준 FOMC 정기회의·경제전망
- 셋째 주 금요일: 네 마녀의 날
- 9월 말~10월 초: 유대교 나팔절

10월: '마크 트웨인 효과' vs '곰 킬러의 달'

자, 그러면 이제 핼러윈이 있는 10월로 넘어와 보도록 하겠습니다. 핼러윈만큼이나 10월은 미국 증시에서 무시무시한 달 중 하나로 통합니다. 유명한 서양 문학가 마크 트웨인은 1894년 출간된 자신의 책 《바보 윌슨의 비극》을 통해서 "10월에는 투자하지 말라"는 말을 남겼죠.

"October. This is one of the peculiarly dangerous months to speculate in stocks. The others are July, January, September, April, November, May, March, June, December, August, and February."

물론 문장을 끝까지 읽으면 "10월은 주식 투기에 특히 위험한 달 중 하나다. 나머지 위험한 달은 7월과 1월, 9월, 4월, 11월, 5월, 3월이다. 그리고 6월과 12월, 8월, 2월도 있다"라는 말인데, 한 마디로 주식은 해봐야 잃기만 하니 주식하기 좋은 때란 없다는 냉소적인 말입니다. 실제로 미국 증시를 뒤흔든 시장 붕괴 사태는 1929년과 1987년, 2008년의 10월께 발생했다고 해서 '마크 트웨인의 저주'라는 말도 돕니다. 과연 그럴까요? 일단 10월마다 돌아오는 일정을 확인해볼게요. 중요한 일들은 많지만, 딱 세 가지만 짚고 넘어가겠습니다.

10월의 이벤트: 어닝 시즌과 콜럼버스 데이

첫 번째로는 이달 후반부터 돌아오는 '어닝 시즌', 두 번째로는 휴장 일정을 확인해야 합니다. 미국 연방 공휴일은 모두 11일인데 실제로 주식시장 휴장일은 10일입니다. 휴장일이 하루 적은데요. 이런 예외적인 사정이 있는 달이 바로 10월입니다. 또 매년 10월 둘째 주 월요일은 연방 공휴일인 '콜럼버스 데이Columbus Day' 입니다. 유럽에서 대항해 시대가 열린 15세기, 1492년 크리스토퍼 콜럼버스가 스페인 함대를 이끌고 카리브 해에 도착한 후 미국을 비롯한 아메리카 대륙을 발견한 것을 기념하는 날입니다.

그런데 흥미롭게도 미국 채권시장은 휴장하는 반면 주식시장은 정상 운영됩니다. 사실 이런 일정도 유동적이어서 매년 사정이 달라질 수 있습니다. 연방 정부가 공식 인정한 휴일인데 왜 채권시장과 주식시장은 따로 노는 걸까요? 나름의 사정이 있습니다.

우선 콜럼버스 데이에 연방 정부는 쉬어갑니다. 하지만 뉴욕을 비롯한 미국 내 주요 지역에서는 지난 1934년에 지정된 콜럼버스 데이를 이제는 폐지해야 한다는 여론이 들끓어왔죠. 콜럼버스는 한때 '정복자'로 잘 알려졌지만 지금은 원주민을 괴롭힌 나쁜 사람으로 악명을 떨치는 판입니다. 콜럼버스가 아메리카 식민지를 통치하며 원주민에게 잔혹 행위를 일삼고 또 이들을 노예로 삼은 역사가 밝혀진 결과입니다. 사정이 이렇다보니 캘리포니아와 하와이, 뉴욕과 시카고, 신시내티 등 여러 주와 주요 도시가 콜럼버스 데이를 원주민의 날로 바꿨습니다.

그런데 뉴욕이 문제였죠. 지난 2021년 뉴욕시가 콜럼버스 데이를 '원주민의 날Indigenous People's Day'로 교체하기로 했는데요. 콜럼버스 상륙 이후 아메리카 원주민들이 겪은 고통을 기리자는 취지였지만 뉴욕에서 오랫동안 터를 잡고 살아온 이탈리아계가 반발했습니다.

뉴욕은 이탈리아 출신이 가장 많이 모여 사는 지역입니다. 콜럼버스 데이 폐지를 추진한 당시 빌 더블라지오 뉴욕시장도 이탈리아계이죠. 이탈리아인들은 19세기 후반~20세기 초반 뉴욕으로 이주했는데, 이들은 정착 과정에서 차별과 열악한 노동 조건을 이겨내면서 콜럼버스를 '개척자 이탈리아인'의 표상으로 여겨왔다 보니 콜럼버스 데이 폐지를 반대했던 겁니다. 뉴욕에서 콜럼버스 데이 폐지를 둘러싼 이견이 워낙 컸기 때문에 뉴욕 증시는 이날 채권시장만 휴장하고요. 주식 시장은 정상 운영하곤 합니다.

그리고 세 번째로는 매년 10월 1일은 미국 연방 정부가 새로운 회계연도를 시작하는 날입니다. 회계 연도라는 건 일반적인 한 해와 달리 회계·예산 장부(재무제표)를 계산하는 기준으로 쓰는 기간입니다. 우리나라처럼 일반적인 한 해와 회계연도가 같으면 좋지만 미국의 경우 연방 정부 역시 회계연도를 따로 두는데 매년 10월 1일부터 다음 해 9월 30일까지가 회계 연도입니다.

그런데 우리가 미국 연방 정부 회계연도까지 알 필요가 있을까요? 네, 그렇습니다. 왜냐하면 때로는 미국 정당 간 갈등이 심해서 예산안이 연방 의회를 통과하지 못하면 연방 정부가 쓸 예산이 없어지는 바람에 새 회계연도가 시작하는 10월 1일부로 일시 휴업하는 사태, 이른바 셧다운 사태가 벌어지기도 하거든요.

8월의 이야기에서 살펴봤듯이 미국 증시는 실제로 셧다운이 벌어졌을 때보다는 예산안 협상 과정에서 셧다운 리스크가 불거지거나 연방 정부 부채 한도 협상 과정에서 정치권 갈등이 커질 때 흔들립니다.

10월의 약세장, 마크 트웨인 효과

자, 그러면 '마크 트웨인 효과'로 넘어가 보겠습니다. 이 단어는 마크 트웨인이 말년에 지은 소설 《바보 윌슨의 비극》의 유명한 문구가 그럴 듯하게 현실에서 구현되는 바람에 만들어졌습니다. 앞에서 한 번 소개를 했죠.

이 문구가 월가에서도 널리 통하게 된 건 역사적으로 볼 때 10월 즈음해서 증시 패닉이 일었기 때문입니다. 대표적인 것이 '세계 대공황'을 부른 1929년 10월 월가 대폭락, 1987년 10월 대폭락 그리고 '글로벌 금융위기'의 시대, 2008년 10월 대폭락입니다.

1929년 10월은 미국의 사상 최악의 폭락장이 시작된 때입니다. '검은 목요일'로 불리는 1929년 10월 24일부터 '검은 화요일'로 불리는 같은 달 29일까지 7거래일도 안 되는 시간 동안 다우존스 30 산업평균지수가 하루에만 10% 넘게 급락하는 식의 패닉 셀이 이어졌죠.

증시 과열 경고에도 불구하고 투자 열풍이 이어졌지만 결국은 건설업 부진 등 실물 경제 문제가 수면 위로 드러나면서 증시 폭락은 물론 경제도 늪에 빠지게 됩니다. 이후 미국 뿐 아니라 유럽 주요국 경제는 10여 년간 대공황을 겪게 됐습니다.

1987년 10월도 대폭락으로 악명 높았던 시기입니다. 1987년 10월 19일 검은 월요일Black Monday 다우존스 30 산업평균지수는 하루 만에 22.6% 급락했습니다. 하루 기준 미국 증시 사상 최대 낙폭입니다. 증시 거품 붕괴 공포에 휩싸인 투자자들이 주식을 몽땅 팔면서 폭락장이 연출된 이 사건을 계기로 미국에서는 단시간 내 증시 급락 혹은 급등을 막기 위해 주식시장 서킷브레이커circuit breaker 제도가 생겨나게 됩니다.

앞서 1980년 초 석유 파동을 극복한 후 미국 경제 호황기가 찾아오자 증시가 지나치게 오른 나머지 1982~1987년 동안 다우존스 30 지수가 3.7배 오르는 등 과열 양상을 보였죠. 하지만 미국 쌍둥이 적자(재정·무역 적자)폭이 확대되고 주요국 보호 무역 주의가 국제 경제를 휩쓸면서 증시 거품도 결국 꺼지게 됐습니다.

2008년 10월도 패닉장이었습니다. 월가 대형 투자은행 리먼브러더스가 파산한 지 한 달 만인 2008년 10월15일 다우존스 30 지수는 하루 만에 7.9% 떨어졌습니다. 앞서 서브프라임 모기지론(비우량 주택담보대출) 문제가 터진 와중에 2008년 9월 말 미국 의회에서 구제 금융안마저 무산되자 공포감이 증시를 휩쓴 결과죠.

하지만 마크 트웨인 효과와 달리 10월은 '약세장 킬러의 달Bear Market Killer'로도 통합니다. 우선 1950년 이후 2022년까지 뉴욕 증시를 보면 다우존스 30 산업평균지수이든 S&P 500 지수이든 10월에는 지수가 대체로 약세를 보이는 경향이 있지만, 또 10월은 약세장이 끝나는 시기이기도 하죠.

10월 미국 증시가 계절적으로 약세인 이유는 그때그때 시장을 둘러싼 상황에 따라 다를 겁니다. 하지만 경향에 비춰보면 아무래도 월가에서 활동하는 유대인 금융인들의 특성과 10월 증시 흐름이 관련이 있다는 설명도 재미있어요.

일단 유대교 신자들에게 10월은 중요한 시기입니다. 바로 이달 첫째 주에 '나팔절'로 불리는 유대교 새해 명절 로쉬 하샤나Rosh Hashanah가 있고 이어서 같은 달 중순에 유대교 최대 명절인 '대속죄일' 욤 키푸르Yom Kippur가 있습니다.

유대교 트레이더들은 종교적 휴일에는 웬만하면 매매를 하지 않습니다. 사정이 이렇다 보니 나팔절 이전에 주식을 팔고 대속죄일 이전에 주식을 다시 사라는 우스갯소리도 있어요. 시브리즈 파트너스Seabreeze Partners의 더그 카스Douglas Kass 대표도 "나팔절 이전에 팔고 대속죄일 이전에 주식을 다시 사면 추수 감사절이 풍요로울 것"이라고 말합니다.

최근 5년 동안만 보면 10월이라고 해서 미국 증시가 항상 하락장인 건 아닙니다. 2019년과 2021~2022년에는 S&P 500 지수가 오히려 올랐고, 2020년과 2023년만 하락했네요. 물론 5년이라는 시간은

최근 5년간 S&P 500 지수 10월 변동률

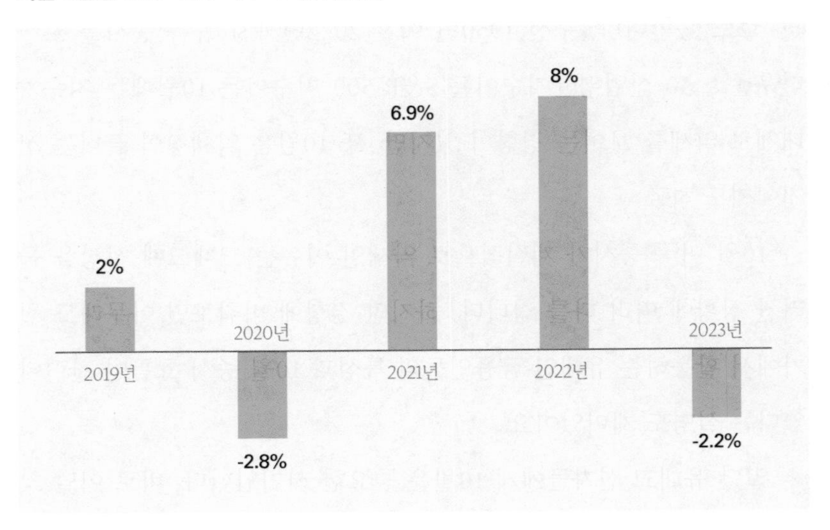

긴 증시 역사상 굉장히 짧은 기간입니다. 월가에서 10월 약세론이 존재하는 이유는 더 오랜 시간 증시 흐름을 분석한 결과입니다.

그래서 10월이 역사적으로 하락장이라고 한다면, 오히려 이때는 저점 매수의 기회일지도 모릅니다. 미국 투자사 펀드스트랫 글로벌 어드바이저스Fundstrat Global Advisors의 분석에 따르면 과거 미국 증시 약세장은 50%의 확률로 10월에 마무리됐습니다. 이 말은 10월에 증시가 바닥을 쳤다는 의미임과 동시에 10월을 기점으로 다시 반등이 시작될 가능성이 과거 흐름상 절반의 확률이라는 뜻입니다. 투자자로서 우리는 시장 흐름에 대한 관점을 한 번 틀어서 생각할 필요가 있지 않나 싶습니다.

10월의 미국 주식 캘린더

- 미국 정부 새 회계연도 시작(새 예산 집행)
- 둘째 주 월요일: 콜럼버스 데이 휴장
- 마지막 주 어닝 시즌: 기업들 실적 발표 본격화
- 9월 말~10월 초: 유대교 나팔절

11월 : 블랙 프라이데이와 선거의 시간

자, 그러면 이제 늦가을 11월로 넘어와 보겠습니다. 낙엽 감성이 한창인 11월은 강세장이 시작될 것이라는 기대감이 가득한 달이에요. 물론 앞서 강조한 것처럼 어디까지나 과거의 경향에 비춰볼 때 그렇습니다.

우선 11월 미국 주식 매매를 할 때 챙겨볼 중요한 이벤트 딱 세 가지만 짚어볼게요. 그런 후에 11월 강세장에 관한 이야기를 정리해보겠습니다.

11월의 이벤트: 서머타임 해제와 추수감사절

첫째, 11월은 서머타임이 끝나는 시기입니다. 이 서머타임, 일광절약시간Daylight Saving Time이라고도 하는데요. 봄부터 가을에 걸쳐서 해가 일찍 뜨는 계절이 오면 시계를 한 시간 앞당기는 겁니다.

제1차 세계대전 당시 독일이 처음 서머타임 제도를 시행한 후로 미국은 1918년에 적용하기 시작했어요. 백여 년 전에는 사람들이 활동할 때 자연광, 그러니까 햇빛이 중요했기 때문에 도입됐는데 지금은 미국과 유럽 주요국을 포함해 전 세계 약 70개국에서 시행 중입니다.

다만 2022년 3월 미국에서는 거대 양당인 민주당과 공화당 합의로 서머타임을 1년 내내 적용한다는 내용의 햇빛보호법Sunshine Protection Act 법안이 상원을 통과하기도 했습니다. 아무리 1시간이라고 해도 매년 시간 변경을 해야 해서 번거롭고 오히려 수면 시간에 방해만 된다, 시대에 맞지 않는 제도라는 지적들이 있었기 때문이죠. 하원에선 통과되지 않아 시행되지는 않았습니다. 어쨌든 우리가 미국 주식을 거래하려면 확인해둘 필요는 있겠죠?

미국에서는 매년 3월 두 번째 일요일에 서머타임을 시작해서 11월 첫 번째 일요일에 서머타임을 해제합니다. 그런데 미국은 워낙 땅이 넓다보니 지역별로 크게 4가지 시간대(동부·중부·태평양·산악 표준 시간)가 있어요. 이 중에서 우리는 뉴욕 증시가 속한 동부 시간대만 파악해도 미국 주식하는데 무리가 없습니다.

서머타임일 때 한국 서울과 미국 뉴욕간 시차는 13시간입니다. 서머타임이 해제되면 14시간으로 1시간 더 벌어지게 되는데요. 시차를 계산하기 힘들 때는 이렇게 생각하면 편합니다. 서머타임일 때는 한국 시간에서 1시간을 뺀 후 낮과 밤을 바꾸면 뉴욕 시간이 되고, 서머타임이 아닐 때는 2시간을 뺀 후 낮과 밤을 바꿔서 생각하면 됩니다.

뉴욕 증시는 주식시장과 채권시장 모두 현지시간으로 아침 9시 30분에 열어서 오후 4시에 마감합니다. 11월 서머타임이 해제되면 한국시간 기준으로는 저녁 10시 30분에 열어서 다음 날 새벽 5시에 끝나는 거죠.

둘째, 휴장 일정을 보면 뉴욕 증시는 추수감사절Thanksgiving Day을 기념해서 11월 넷째 주 목요일에 휴장합니다. 그리고 다음 날인 금요일, 즉 블랙 프라이데이Black Friday에는 증시가 단축 운영에 들어가서 현지시간으로 오후 1시에 거래를 마칩니다. 그러니까 평소보다 3시간 일찍 끝나는 셈인데요.

이후에는 또 주말이 이어지기 때문에 추수감사절 연휴 즈음해서는 시장이 어떤 분위기일지 확인해보는 것도 매매 타이밍에 도움이 됩니다. 이 시기에는 아마존이나 메이시스(M) 같은 백화점이나 얼타 뷰티(ULTA) 등등 유통기업들이 '추수감사절-블랙 프라이데이-주말-사이버 먼데이Cyber Monday'로 이어지는 쇼핑 황금기에 매출 확대를 기대해볼 만하고, 덩달아 이런 기업들에 투자하는 투자자의 기대감도 커지겠죠? 물론 경제 분위기가 호황이냐 불황이냐에 따라 다르지만요.

추수감사절 다음 월요일을 사이버 먼데이라고 합니다. 사람들이 추수감사절 연휴를 마치고 직장에 복귀해서 온라인으로 쇼핑하는 날 정도로 생각할 수 있어요. 한 마디로 주말을 포함해 닷새간의 추수감사절 쇼핑 시즌이 마무리되는 겁니다.

추수감사절 다음 날인 금요일은 블랙 프라이데이라고 합니다. 우리말로 검은 금요일이니 무시무시하게 들리지만 그렇지는 않다고 하네요. 이 명칭은 1960년대 필라델피아에서 왔습니다.

필라델피아에서는 매년 추수감사절 다음 날인 금요일과 토요일에 육군과 해군 간 미식축구 경기가 열리는데요. 수많은 관광객이 모여들어 경기 관람과 쇼핑을 하다 보니 지역 경찰들이 교통 체증과 인파 때문에 이날을 힘들게 여겨 '블랙 프라이데이'라고 부른 것에서 유래됐다고 합니다.

4년마다 돌아오는 미국 대통령 선거

마지막으로 매년 돌아오는 것은 아니지만 11월은 미국 선거가 열리는 시기입니다. 크게 대통령 선거와 중간 선거로 나눌 수 있는데요. 우선 대통령 선거는 미국 대통령 임기를 따라 4년 만에 한 번씩, 11월 첫 월요일의 바로 다음 화요일에 치러집니다.

미국 대선은 시민들이 직접 대통령을 뽑지 않고 선거인단을 통해서 간접 선출하는 제도이기 때문에 다소 복잡한데요. 국민이 대통령 후보에게 직접 투표하는 것이 아니라 유권자가 먼저 선거인단을 뽑고, 그 선거인단이 대통령을 선출하는 방식입니다.

무엇보다 한국 투자자인 우리 입장에서는 대선 결과가 중요하겠죠. 대선 후보자마다 내건 정책 공약이 다르기 때문인데요. 대선 시즌 공약과 관련해 미국 거대 양당인 민주당과 공화당 각각의 후보자가 자주 대립하는 부분이 의료·복지 관련 헬스케어(제약 바이오 포함), 인프라스트럭처, 에너지 정책입니다. 미·중 갈등과 관련해 중국 견제 정책도 중요한데요. 이 부분은 두 정당이 공감대를 이룬다는 점도 눈여겨볼 만합니다.

중간 선거는 대통령 임기 4년 중 중간 시점인 11월 초에 열립니다. 중간 선거의 구체적인 요일은 대선과 똑같이 11월 첫 번째 월요일이 속한 주의 화요일입니다. 이 중간 선거에서는 총 435석의 미국 연방하원 전원을 새로 뽑고, 연방 상원은 총 100석 중 3분의 1을 새로 뽑습니다. 또 미국 50개 주 중 34개 주에서는 중간 선거를 하는 김에 4년 임기를 지내는 주지사도 함께 선출합니다.

중간 선거 때는 주 별로 주 의회 의원이나 지역 보안관, 주민 발의안 등 지역 선거와 투표가 덩달아 이뤄지기도 하는데요. 투자자인 우리 입장에서는 예를 들어 대마초 주식과 관련해 대마초 합법화 주민 투표 여부 등을 눈여겨볼 만하겠죠.

그런데 왜 하필 미국 대선과 중간 선거는 11월에 있을까요? 1845년 당시 미국 연방 의회가 선거일을 11월로 하도록 통합했는데 당시 농업이 중요했기 때문에 농사일이 바쁜 시기를 피해야 하고, 또 폭설이 내릴 법한 겨울도 피하다 보니 11월 초로 정해졌다고 해요.

11월 강세론에 대하여

11월은 연말 낙관론이 지펴지는 시간입니다. S&P 500 지수의 경우 LPL 파이낸셜이 1950~2022년을 기간으로 분석한 것을 보면 매년 11월 강세를 보인 경우가 많았습니다. 물론 2021년 11월처럼 하락장이던 때도 있습니다만, 다우존스 30 산업평균 지수의 경우 비스포크 투자사Bespoke Investment Group가 최근 100년을 분석한 것을 보면 해당 지수가 매년 11월에 평균 1% 이상 올랐습니다. 가장 최근 5년을 볼까요? 2021년 11월 지수가 소폭 하락한 것을 제외하고는 2019~2020년, 2022~2023년 모두 11월에는 상승 마감했습니다.

'미국판 추석' 추수감사절 연휴를 즈음해서 블랙 프라이데이와 사이버 먼데이가 포함된 소비 성수기 때, 미국 증시 분위기는 어땠을까요? 지난 2001~2023년 기간을 살펴보면 S&P 500 지수의 경우 막상 추수감사절 연휴를 전후한 시기 지수가 항상 오르지만은 않았습니다. 일례로 2001년, 2007년, 2012년 블랙 프라이데이에는 지수가 1% 이상 올랐지만 2009년에는 1.7% 떨어졌죠. 가장 최근인 2022년과 2023

최근 5년간 S&P 500 지수 11월 변동률

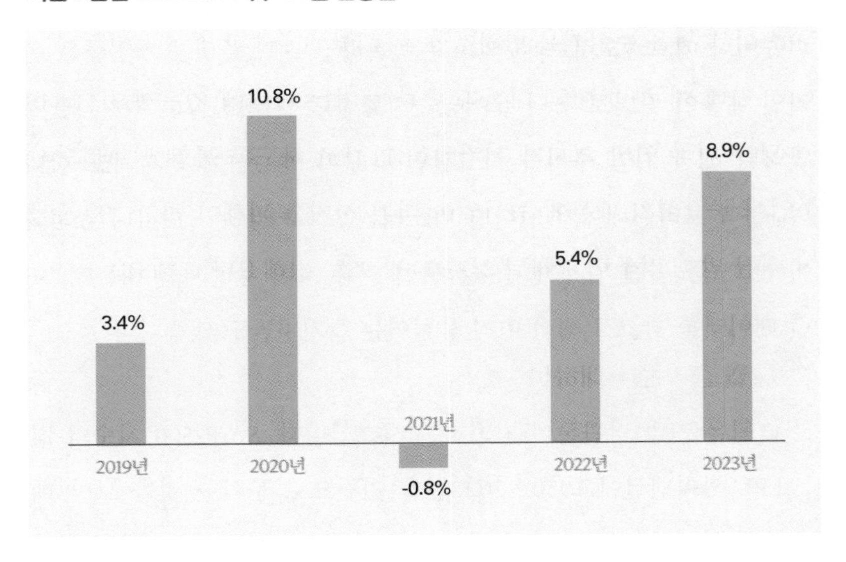

년은 제자리걸음했습니다.

관련해서 두 가지를 생각해볼 수 있습니다. 첫 번째로는 당연한 말 같지만 딱 블랙 프라이데이까지만 보는 것보다는 흐름을 봐야합니다. 그때그때 실물 경제 분위기가 좋으면 사람들도 소비를 많이 하게 되겠죠.

이런 때는 통상 11월 말부터 '얼리 산타랠리early Santa rally'라는 말이 나옵니다. 아예 추수감사절부터 크리스마스를 지내는 연말연시에 사람들이 내내 뭔가를 사거나 여행을 가는 식으로 소비를 늘리기 때문에 관련주 주가가 오르고 분위기를 타서 증시도 상승세를 달린다는 겁니다.

두 번째로는 업종이라든지 개별 종목별로 움직임이 조금 다르겠죠. 오프라인 매장을 둔 백화점 주식은 단시간 내 추정이 힘들지만 아마존이나 메르카도리브레(MELI) 같은 온라인 쇼핑 플랫폼 기업들은 온라인 매출이 작년보다 더 늘어났을지를 대충 지레짐작한 투자자들이 앞다퉈 해당 기업 주식을 사고팔면서 주가 변동성이 커지기도 합니다. 블랙 프라이데이가 지나면 마스터카드(MA) 같은 카드사나 쇼피파이(SHOP) 등 관련 업계가 추수감사절 연휴 소비 추정치를 내는데, 이런 데이터를 참고로 해서 미리 움직이는 투자자들도 있습니다.

11월의 미국 주식 캘린더

메이시스 백화점 추수감사절 장식

SUN	MON	TUE	WED	THU	FRI	SAT
서머타임 해제	미국 대선 혹은 중간 선거 / 연준 FOMC 정기회의	VOTE				
				추수 감사절 기념 휴장	'블랙 프라이데이' 조기 폐장	

- 11월 초: 미국 대선 혹은 중간 선거
- 11월 초: 연준 FOMC 정기회의
- 첫번째 일요일: 서머타임 해제
- 넷째 주 목요일: 추수 감사절 기념 휴장
- 넷째 주 금요일: '블랙 프라이데이' 조기 폐장

겨울,
'오른다! 올라' 산타랠리의 계절

만약 여러분이 미국 주식을 시작할 때, 이왕이면 기분 좋은 출발을 하고 싶다면 이왕이면 11월, 12월이나 다음 해 1월 중 주식을 매수하는 것이 어떨까요? 1950년 이래 미국 3대 주가지수, 즉 S&P 500 지수와 나스닥 종합주가지수 그리고 다우존스 30 산업평균지수는 모두 11~1월에 상승하는 경향이 두드러졌다고 합니다.

미국 증시는 겨울을 좋아합니다. 물론 우리가 앞에서 이미 다룬 11월은 가을입니다만, 12월부터 본격화되는 겨울은 통상 다음 해 2월 말까지로 이어지는데 이때는 상대적으로 미국 증시가 상승세를 타곤 합니다.

물론 언제나 좋은 일만 일어나는 것은 아니고요. 글로벌 금융위기가 닥친 2008년 같은 경우에는 미국 증시도 산타랠리가 아닌 추운 겨울을 겪었습니다.

12월: 크리스마스와 북 클로징

바쁘게 달려왔네요. 드디어 한 해의 마지막 달, 12월입니다. 이맘때쯤이면 경제 신문이나 유튜브에서 자주 등장하는 단어가 있죠. 바로 '산타랠리'입니다. 과거에 비춰본 확률적인 이야기이기는 하지만 12월에는 왠지 마음 편하게 투자할 수 있을 것 같은 기분이 들기도 합니다. 왜 산타랠리라는 말이 나왔는지, 우리는 어떻게 대응하는 게 유리할지에 대해 '미국 주식의 계절' 마지막 이야기를 해보려 합니다.

12월의 이벤트: 크리스마스와 박싱 데이

자, 우선 증시 휴장일부터 짚고 넘어가보겠습니다. 휴장일에는 우리가 미국 주식을 사고팔 수 없기 때문에 일정을 반드시 확인해야 합니다. 또 이날을 전후해 거래량이 다르고 또 주가 변동성도 온도차가 크기 때문에 눈여겨봐야 하겠죠.

12월에는 크리스마스와 더불어 '박싱 데이Boxing Day'가 있습니다. 보통 국가 차원의 공휴일은 어떤 특정한 날을 기념하는 차원에서 정해집니다. 하지만 재미있게도 정작 박싱 데이의 기원은 분명하지 않다고 합니다. 여러 자료를 찾아보면, 크리스마스 다음 날에 가족 외의 사람들에게 선물을 나눠준다거나 교회에 기부 상자를 전달하는 관행에서 박싱 데이라는 단어가 나왔다는 설이 있습니다. 서유럽 국가에서는 '기독교 최초 순교자' 성 스테판St. Stephen을 기리는 날로도 알려져 있어요. 사실 미국 증시는 크리스마스 날만 휴장하죠. 박싱 데이는 미국을 제외한 캐나다와 유럽 주요 국가들의 연휴이지만 미국 주식에도 일부 영향을 주기 때문에 같이 확인해볼게요.

우선 미국 증시는 현지시간 12월 24일 크리스마스 이브 날 단축 운영합니다. 주식시장과 채권시장 모두 당일 오후 1시까지만 영업하기 때문에, 평소보다 3시간 앞당겨 문을 닫는 셈입니다. 우리나라 시간으로는 12월 25일 새벽 3시에 증시가 문을 닫는데, 이런 날은 일반적으로 거래량이 적은 편입니다. 이어서 현지시간 12월 25일 크리스마스에는 미국 증시가 휴장합니다.

일 년 동안 꼬박 기다려온 크리스마스가 너무 빨리 지나간 것 같아 아쉬운 마음이 들 때 바로 다음 날 박싱 데이가 찾아옵니다. 박싱 데이는 12월 26일이고, 이날은 미국 증시가 정상 운영되지만 영국과 캐나다, 뉴질랜드 등 영미권 지역과 홍콩, 남아프리카공화국 그리고 독일과 프랑스 등 유럽 주요국 증시가 휴장합니다.

미국 주식 투자자도 박싱 데이를 챙겨야 할까요? 네, 조금은요. 우선 아마존을 비롯해 의류 등 유통기업에 투자하는 분들은 박싱 데이가 '장사 대목'이기 때문에 이때를 눈여겨봐야 합니다. 당연히 평소때보다 매출이 오를 수밖에 없지만 분기 실적을 가르는 소비 시즌인 만큼 작년과 비교해서 분위기가 어떤지 기사들을 챙겨보면 매매 타이밍을 정할 때 도움이 됩니다.

두 번째로 캐나다를 비롯해 유럽 트레이더들은 미국 증시 입장에서는 중요한 외국인 투자자들이죠. 이들이 일제히 휴일 모드라면 뉴욕 증시 거래량이 평소보다 줄어들 수 있습니다. 혹여 글로벌 증시에 영향을 줄 만한 변수가 생기더라도 이들 주요국 증시가 휴장한다면 정상 운영하는 미국 증시에 1차적인 영향이 더 크게 부각될 수도 있겠죠.

그리고 휴장은 아니지만 미국 증시 조기 폐장 일정이 있습니다. 미국 주식시장은 한 해의 마지막 거래일 날에도 정상 운영합니다. 다만 채권시장은 통상 이날 오후 2시에 조기 폐장합니다. 2시간 단축 운영을 하는 셈이네요.

마지막으로, 12월은 한 해의 마지막 네 마녀의 날과 연준 경제전망 요약이 나오는 달입니다. 두 날을 즈음해서는 시장 변동성이 커지지는데 적어도 12월 상승장 분위기를 감안할 때 너무 불안해할 필요는 없습니다. 물론 연준의 금리 인상 리스크가 있던 2022년 말 같은 경우는 예외입니다.

12월의 강세장: 산타랠리와 북 클로징

자, 그러면 12월 미국 증시는 대체 어땠기에 산타의 선물 같은 달로 통할까요? 그리고 이 시기에 대체로 미국 기업들 주가가 오르는 이유는 무엇일까요?

12월은 전반적으로 강세장이라고 하는데요. 야데니리서치Yardeni Research가 1928년부터 2023년 5월 말까지를 기준으로 최근 95년간 데이터를 집계한 것을 보면 12월에는 연평균 S&P 지수가 1.3% 올라 7월(1.7%)과 4월(1.4%)에 이어 세 번째로 상승세가 두드러진 시간이었습니다. 가장 최근 5년을 보면 12월은 대체로 상승장인 것이 맞는 모양입

최근 5년간 S&P 500 지수 12월 변동률

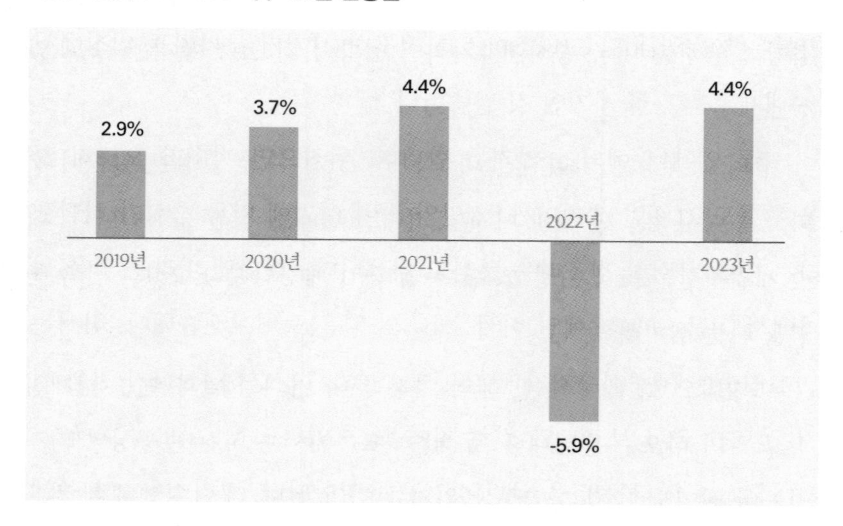

니다. 기준금리 인상 불안감이 두드러졌던 2022년 말을 제외하고는 말이죠.

여러분은 산타랠리라는 말을 들어보셨나요? 특히 12월 중 크리스마스 이후 강세장이 펼쳐지는 경향이 있어서 산타랠리라는 말이 나왔는데요. 산타랠리는 엄밀히 말해 크리스마스가 지난 12월 26일 이후 7거래일 간을 기준으로 합니다.

LPL 파이낸셜이 1950년 이후 약 70년간 미국 증시를 분석한 것을 보면 S&P 500 지수는 12월 26일 이후 7거래일 간 평균 1.3% 올랐다고 합니다. 연도마다 편차는 있겠지만 해당 기간 동안 지수가 오를 확률은 약 78%였습니다.

뱅크오브아메리카 분석을 볼까요? 1928년 이후 94년간 미국 주요 주가지수는 해당 7거래일 동안 평균 1.66% 올랐습니다. 지수가 오를 확률은 79%였네요. 크리스마스를 전후한 시기가 투자자들 입장에서는 대체로 든든한 시기인 것 같습니다.

물론 언제나 예외가 있기는 합니다. 뒤집으면 지수가 오르지 않을 확률도 21%인 셈이니까요. 만약에 이 시기에 미국 증시가 하락했다는 것은 불길한 징조라는 분석도 나옵니다. '산타랠리'라는 말을 월가에서 처음 사용한 예일 허시Yale Hirsch의 말을 들어보겠습니다. 허시는 1972년 낸 책 《주식투자자 연감Stock trader's Almanac》을 통해 "산타가 전화 걸지 않으면 곰이 브로드와 월로 찾아올 수 있다If Santa should fail to call, bears may come to Broad and Wall"라는 말을 남긴 것으로 유명합니다. 크리스마스 시즌에 주가가 오르지 않는다면 약세장이 따를 수 있다는 의미입니다.

'콜Call'이라는 건 파생상품 시장에서 주가 상승에 베팅하는 옵션 거래와 관련이 있는 말인데요. 여기에서 복잡한 선물·옵션 파생상품 거래 구조에 대해 모르더라도, '산타가 콜한다'는 것은 산타랠리에 따른 주가 상승을 의미한다고 보면 됩니다. '브로드와 월'이란 뉴욕증권거래소가 브로드스트리트와 월스트리트 모퉁이에 자리하기 때문에 나온 표현입니다. 곰은 약세장을 뜻하죠.

그런데 왜 12월에는 미국 증시 기업들의 주가가 오르는 경향이 있을까요? 회계 기간에 따라 다르지만 중요한 건 기관 투자자를 포함한 큰손 투자자들의 세금 문제입니다. 예를 들어 올해 투자를 잘하는 바람에 1~11월 동안 수익률이 좋았다고 하면요. 수익률 좋은 주식은 팔아서 차익을 남기면 좋겠지만 수익이 너무 높으면 자본 이득에 대한 세금 부담이 그만큼 커집니다. 세금은 보통 한 해를 기준으로 부과되기 때문에 큰손 투자자라면 세금을 줄이기 위해 기다렸다가 해가 바뀌면 차익을 실현하는 게 유리한 경우가 많습니다.

물론 투자한 모든 종목이 한결 같이 수익률이 좋을 순 없겠죠. 이럴 때는 양도 차익에 따른 세금을 줄이기 위해 손실이 난 종목을 팔아버리는 경우도 있습니다. 그렇기 때문에 12월 전까지 주가가 부진했던 종목은 오히려 12월 말에 주가가 더 떨어질 가능성도 있다는 이야기가 나옵니다.

이밖에 12월은 '북 클로징Book Closing'의 달이기도 합니다. 북 클로징이란 회계 장부를 덮어버리는 것을 의미하는데 12월이 아무래도 한 해, 한 분기의 마지막 달이고 크리스마스 연휴까지 끼어있다 보니 결산의 달로도 유명합니다.

기업들만 결산을 하는 게 아니라 기관 투자자나 헤지펀드 등도 결산을 해야 하겠죠. 그러려면 연말로 갈수록 큰 이익이나 손실이 불쑥 튀어나오기보다는 현상 유지대로 가는 것을 선호하는 경향이 있다고 합니다. 그러니까 거래량 자체는 비교적 잠잠한데, 주식을 가진 사람이야 안 팔면 그만이지만 새로 사고 싶은 사람은 호가를 더 크게 불러야 하니까 주가가 오르는 결과가 나올 가능성이 높아진다는 거죠.

12월의 미국 주식 캘린더

1월 : 윈도 드레싱과 겨울 어닝

1월은 한 해의 시작입니다. 새해에는 '투자할 결심'이 생기고 어떤 사람들은 기대 수익률을 다이어리에 적어 두기도 하죠. 개인 투자자뿐 아니라 기관 투자자들도 마찬가지입니다.

한 해의 투자 전략이 세워지는 때라는 점에서 사람들은 1월 미국 증시 움직임을 관심 있게 봅니다. '1월 효과January Effect'라는 말이 있는데 1월 초 증시 분위기가 결과적으로는 한 해 분위기를 좌우한다는 거죠. 증시는 하루하루 어떤 일이 일어날지 모르기 때문에 미리 예측할 수조차 없지만 그럼에도 불구하고 새해 첫 달은 중요한 시기입니다.

1월의 이벤트 : 휴장 일정과 어닝 시즌

우선 1월에는 휴장 일정이 둘이나 있습니다. 새해를 기념해서 1월 첫날에는 미국 증시가 쉬어갑니다. 이어서 '마틴 루터 킹 데이Martin Luther King Jr. Day'를 기념해 증시가 문을 닫습니다. 이날은 1월 셋째 월요일입니다. 미국의 흑인 인권운동가 마틴 루터 킹 주니어 탄생일(1929년 1월 15일)을 기념하는 취지예요.

또 1월에는 기업들 실적 발표가 집중되는 '어닝 시즌'이 있습니다. 새해 첫 어닝 시즌은 1월 후반부에 월가 대형은행들을 앞세워 시작됩니다.

1월은 한 해 증시 예고편? 1월 효과에 대해서

월스트리트에는 "1월이 가면 올해도 간다"는 믿음이 있습니다. 1월이 한 해 미국 증시 나침반 역할을 하는 이유는 이 달에 많은 중요한 일들이 일어나기 때문입니다. 워싱턴DC 정가에서는 대통령이 의회 앞에서 1월 말 혹은 2월 초에 연두교서를 발표합니다. 이 연두교서에는 한 해 예산과 나라의 우선 목표·정책 순위가 담겨 있죠.

그리고 월가의 제프리 허쉬 스탁 트레이더스 얼머낵 최고경영자에 따르면 매년 1월 중순은 '미국판 퇴직연금'인 401(k) 자금이 증시에 유입되는 시기라고 합니다. 자금 유입이 늘어나고 또 새해 포트폴리오 조정이 일어나는 시기라는 거죠.

1월 효과는 크게 두 가지로 나눠볼 수가 있습니다. 하나는 1월에는 미국 주식 주가가 전반적으로 오르는 경향이 있다는 '강세장 흐름'입니다. 다른 하나는 1월 시장 성적에 따라 한 해의 증시 향방이 갈린다는 것인데요.

우선 과거를 돌아볼 때 1월이 과연 강세장이었을까요? 야데니리서치가 1928년부터 최근 95년간 데이터를 바탕으로 분석해본 결과를 보면 미국 주식시장은 1월에 연평균 1.2% 올랐습니다. 물론 분위기가 안 좋은 해도 있었겠지만 대체로 1월은 상승장이라는 말을 뒷받침하는 분석처럼 보입니다.

사실 1월 강세론을 들고 나온 건 월가 분석가인 시드니 바흐텔Sidney B. Wachtel입니다. 바흐텔은 1942년 이후 주로 1월에 주식시장이 오름세를 탔다는 점에 주목해 분석을 했는데요. 무엇보다 미국 대통령 임기

최근 5년간 S&P 500 지수 1월 변동률

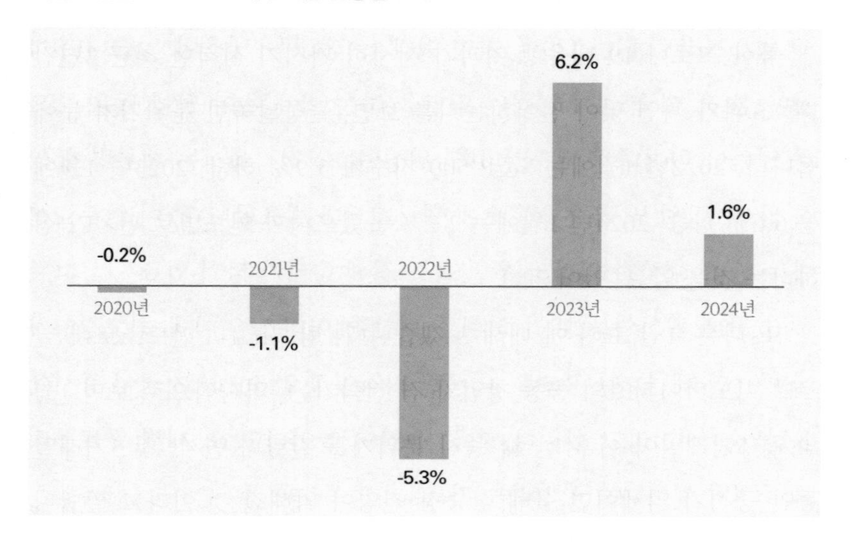

가 3년 차를 맞는 해의 1월에는 소형주를 중심으로 주식시장이 강세를 보였다는 겁니다.

다만 1월이라고 해서 주가가 오르기만 하지는 않았고 내려가는 경우도 적지 않습니다. 일례로 1993년 이후 약 30년 동안을 보면 이 중 17년은 1월에 미국 증시가 강세였고, 나머지 13년은 약세였습니다. 확률이 57%대 43%이니 1월은 무조건 상승장이었다고 보기는 힘든 셈이네요.

조금 더 시간을 좁혀서 보면요. 글로벌 금융위기 직후인 2009년부터 코로나 19 대유행이 끝난 2023년까지 14년 동안 1월이 강세·약세였던 적은 각각 7년이었습니다. 확률이 딱 50% 대 50%였네요. 그래서 최근에는 1월 효과보다는 차라리 추수감사절 효과에 관심을 가지는 게 낫다는 반응도 오간다고 합니다.

특히 코로나 19 대유행 여파가 서서히 가시기 시작한 최근 3년간 1월 효과가 과연 맞아 떨어지는지를 보면, 들쭉날쭉한 분위기가 눈에 띕니다. 2022년 1월에는 S&P 500 지수가 5.9% 하락, 2023년 1월에는 6.6% 상승, 2024년 1월에는 2.2% 올랐으니까 연도별로 편차가 심하다는 것을 알 수 있어요.

또 다른 '1월 효과'에 대해 보겠습니다. 탐 리Tom Lee 펀드스트랫 글로벌 어드바이저스의 공동 창업자 겸 전략가는 "역사적으로 보면 1월의 첫 5거래일이 이후 한 해 증시 분위기를 갈랐다"면서 "첫 5거래일 동안 증시가 약세이면 올해 상승장 전망이 약해질 것"이라고 말합니다. 월가에서는 비슷한 언급이 자주 나온다고 하네요.

수익률 눈속임? 윈도 드레싱

실제로는 당연히 연도마다 다르겠지만, 그럼에도 불구하고 시장에서 어떤 경향성을 찾기 위한 노력은 늘 있는 것 같습니다. '1월 효과'에 대한 관심이 오가는 이유는 무엇일까요? 윈도 드레싱Window Dressing 영향이라는 분석도 있습니다.

윈도 드레싱이라는 단어는 원래는 백화점 같은 곳에서 상품을 멋지게 전시해 소비를 유도하는 것을 뜻합니다. 약간은 부정적인 뉘앙스로 활용되고 있습니다. 증권가에서 윈도 드레싱이란 '수익률 눈속임' 정도로 생각하면 편한데요.

네이블리어앤드어소시에이츠Navellier & Associates의 루이스 네이블리어

Louis Navellier 설립자는 "새해 초는 포트폴리오 매니저들이 세금과 관련한 이유로 수익 내기를 미뤄두고 포트폴리오를 재구성하는 시기"라면서 "연말 포트폴리오 윈도 드레싱(기관 투자자들이 결산 시점에 투자 수익률을 올리기 위해 주식을 집중적으로 사고파는 행위) 이후에는 그런 경향이 있다"고 말합니다.

1월 효과에 대해 정리해보면요. 첫째, 기관 투자자 등이 앞서 12월에 세금 관리 차원에서 손실 났던 주식을 매도한 후에 해가 바뀐 1월에 다시 사들이는 과정에서 1월 효과가 나옵니다. 손실이 난 주식을 12월 말에 매도하면 이후 주가가 더 하락했을 가능성이 높은데, 1월에 다시 이를 사들이면 마치 저점 매수한 것처럼 보이죠. 평가 손익률이 전보다는 나아집니다. 일종의 윈도 드레싱인 셈입니다.

또 기관 등 큰손 투자자들이 윈도 드레싱 기간에 수익률 좋은 종목 비중을 늘리다 보면 해당 종목 입장에서는 호재로 작용하기도 합니다. 매수 규모가 크기 때문에 주가가 오르는 경향이 있는데요. 눈치 빠른 개인 투자자들은 그래서 기관 투자자가 선호하는 종목을 연말에 미리 사뒀다가 다음 해 1월 윈도 드레싱이 일어나는 시기에 매도하는 식의 단기 차익을 내기도 합니다.

둘째, '투자할 결심' 그러니까 심리적인 영향입니다. 보통은 연말에 받은 보너스로 주식 투자에 나서기도 하고 한편으로는 새해 재테크 다짐 같은 것들이 생기면서 사람들이 매수에 나서기 때문에 1월 효과가 나왔을 것이라는 설명도 있어요.

1월의 미국 주식 캘린더

- 1월 1일: 새해 기념 휴장
- 셋째 주 월요일: 마틴 루터 킹 데이 휴장
- 마지막 주 어닝 시즌: 기업들 실적 발표 본격화
- 1월 말: 연준 FOMC 정기회의

2월: 봄날 강세장 준비하는 달(Ft. 변동성)

'밸런타인데이'가 있는 2월, 로맨스는 있어도 수익 올릴 기회는 많지 않다는 이야기가 나오는 달입니다. 1월까지는 분위기 좋다가도 2월에는 미국 증시가 흔들리는 경향이 있다고 하는데요.

과연 실제로는 어땠을까요? 우리나라에서는 개인 투자자를 '개미'로 부르고 중국에서는 '부추'로 부르죠. 일본에서는 '닌자 개미' 혹은 '와타나베 부인'으로 부른다고 합니다(원래 와타나베 부인은, 엔화 매매를 통해 수익을 내는 주부 외환투자자들을 부르는 말이었는데, 요즘은 주식시장에서도 쓴다고 하네요). 미국 증시에서는 최근에 '로빈후드(코로나 19 대유행 이후 MZ세대 개인 투자자들이 로빈후드라는 주식 거래 모바일 애플리케이션을 통해 앞다퉈 투자에 뛰어들면서 붙여진 말)'라는 표현을 쓰기도 합니다.

개인 투자자는 소액으로 직접 투자한다는 의미를 담아 소매 거래자retail investors라고 부르기도 하죠. 하지만 개인 투자자라 하더라도 거액 매매를 하는 '큰손'이 있을 수 있겠죠? 이런 큰손 투자자들 중에서 대규모 자금을 넣었다 뺐다함으로써 시장을 들썩일 만한 영향력을 가진 사람을 미국 증시에서는 '고래whale'라고 합니다. 우리 개인 투자자들은 어떻게 대응하는 게 유리할지에 대해 이야기해보겠습니다.

2월의 이벤트: 대통령의 날 휴장

자 그러면 우선 한 달의 휴장 일정부터 확인해보겠습니다. 미국 증시는 '대통령의 날Presidents' Day'을 기념해 2월 셋째 주 월요일에 휴장합니다. 원래는 '건국의 아버지'로 통하는 미국 초대 대통령 조지 워싱턴 생일(1732년 2월 22일)을 기념하려는 취지로 1879년에 연방 공휴일로 지정됐는데요. 당시에는 기념일 이름이 워싱턴 탄생일이었습니다.

다만 미국 인기 대통령인 에이브러햄 링컨의 생일(1809년 2월 12일)도 같이 기릴 겸 2월 셋째 주 월요일로 정해졌고 명칭도 대통령의 날이 되었다고 하네요. 흥미로운 점은 워싱턴 전 대통령이 태어난 버지니아주 등 일부 지역에서는 이날을 대통령의 날보다는 워싱턴 기념일로 부르는 것을 더 선호한다고 합니다.

2월, 미국 증시 분위기는 어땠을까요?

자 그러면 2월의 미국 증시 분위기에 대해서 살펴보기로 할까요? 월가에서는 통상 1950년 이후, 매년 11월부터 다음 해 4월까지를 상승장으로 보기도 합니다. 물론 이건 과거의 흐름을 기반으로 한 것이고, 실제로 이런 전망이 맞는지는 차차 정리하기로 할게요. 그런 전망이 맞든 틀리든 알고 있으면 덜 흔들리게 되니까요.

일단 과거를 통틀어봤을 때 2월은 주식시장에서 두 번째로 성과가 부진한 달이라고 합니다. 야데니리서치 분석을 가져와보겠습니다. 야데니리서치가 1928년부터 2023년 5월 말까지를 기준으로 최근 95년간 데이터를 분석한 것을 보면 2월에는 평균적으로 S&P 지수가 0.1% 하락하는 경향이 있습니다. 9월에 이어 두 번째로 성과가 부진한 거죠.

그런데 한 달에 0.1% 정도 떨어지는 게 과연 부진하다고 할 수 있

최근 5년간 S&P 500 지수 2월 변동률

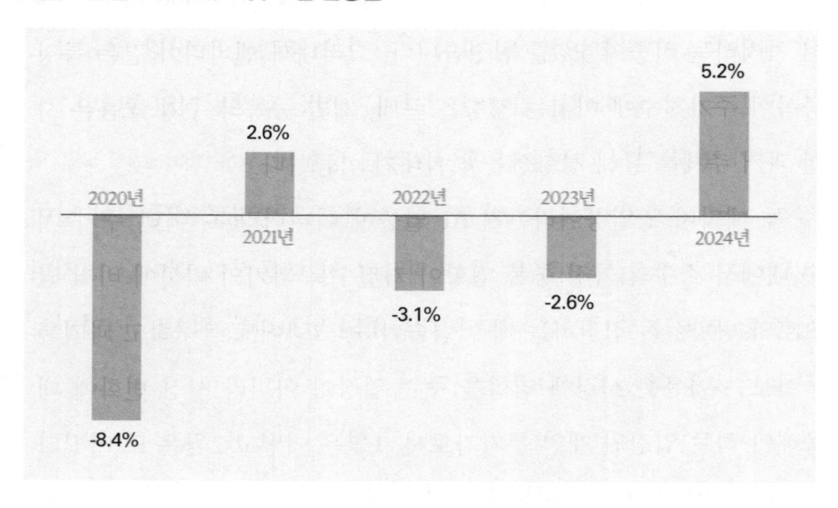

느냐는 의문이 들 수 있습니다. 그리고 또 의외로 2월이 '강세장'으로 소문난 1월보다 주가지수가 더 오르는 경우도 있거든요. 가장 최근 사례를 보면요. 2024년 1월 같은 경우 S&P 500 지수가 한 달간 1.6% 올랐던 반면 2월에는 5.2% 올랐습니다. 이렇게 보면 오히려 2월이 강세장 같아 보일 지경입니다.

사실 시간이 흐르면서 50년 혹은 100년간의 과거 추세가 큰 의미가 없어지는 경우도 있습니다. 2024년 같은 경우를 보면, 연초에 엔비디아를 비롯한 인공지능(AI) 관련주 투자 열풍이 불었고 그 덕에 엔비디아가 2024년 2월에는 미국 시총 3위로 올라서는 등 이른바 빅테크 기업들 내에서도 변화의 바람이 불었거든요.

당시 S&P 500 내 미국 7대 대형 기술주, 매그니피센트 7의 비중이 30%를 넘었고 특히 엔비디아 한 종목만 해도 S&P 500 지수 안에서 차지하는 비중이 5%를 넘겼습니다. 그러니까 엔비디아 같은 특정 종목이 주가지수에 미치는 영향은 큰데, 개별 종목의 주가 흐름은 사실 과거 추세를 통해 경향성을 찾아내기 힘듭니다.

꼭 메타버스 열풍이라든지 AI 열풍이 아니더라도, 어떤 주가 지수 내에서 소수의 특정 종목 영향이 커질수록 과거의 역사에 비춰 앞으로의 방향성을 짐작하는 게 어렵습니다. 그럼에도 불구하고 과거를 돌아보는 이유는 시장에 영향을 주는 입장이 아니라 시장 변화에 대응해야 하는 입장인 개인 투자자로서, 1월은 어떻고 2월은 또 어떻다는 식의 추측과 예상이 시장을 오갈 때 스스로 마음을 다잡는 힘을 기를 수 있기 때문입니다.

그렇다면 우리는 2월에 어떻게 해야 할까요? '일희일비하지 않고 나아가야' 합니다. 앞서 우리의 투자 성향을 정하는 일이 가장 중요한 작업이라고 언급한 것처럼 내가 매달 정해진 액수를 적립식으로 S&P 500이나 나스닥 100 같은 주가지수에 투자하겠다는 전략을 세웠다면 1월이든 2월이든 그렇게 묵묵히 따라가면 됩니다.

그보다 난이도를 조금 높여서 현금 흐름 확보를 목적으로 단기 매매도 병행하겠다는 입장이라 하더라도 2월이 약세장이라는 말에 너무 신경 쓸 필요는 없어요. 주식은 싸게 사서 비싸게 팔아야 수익을 낼 수 있으니까요. 내가 시장 흐름을 봤을 때 2월 흐름이 좋지 않다면 조금씩 저점 매수에 나서고, 흐름이 좋다면 너무 서둘러 매도하지 말고 시간을 조금 더 봐가며 매도 타이밍을 재는 식으로 활용하면 됩니다.

2월의 미국 주식 캘린더

뉴욕 메트로폴리탄미술관(MET) 거리

SUN	MON	TUE	WED	THU	FRI	SAT
	대통령의 날 휴장					

- 셋째 주 월요일: 대통령의 날 휴장

PART 6

정말 자주 묻는 미국 주식 Q&A!

상장 폐지가 항상 나쁜가요?:
던킨 도넛과 티파니앤코

상장 폐지가 언제나 나쁜 건 아닙니다. 기업이 자진 상장 폐지하는 경우도 있고 인수·합병M&A 사유로 상장 폐지하는 경우도 있기 때문이에요. 저 같은 경우 두 번의 상장 폐지를 경험해봤는데요.

첫 번째 상장 폐지는 던킨 도넛이었습니다. 던킨 도넛은 자진 상장 폐지한 경우입니다. '월가 전설적 투자자' 피터 린치Peter Lynch의 애정 종목으로 유명하죠. 2020년 10월 말 인스파이어브랜즈Inspire Brands가 회사를 인수한다고 발표한 후 계약이 진행돼 상장 폐지됐습니다. 계약 조건 중 하나가 자진 상장 폐지였어요.

당시에 인스파이어 측이 1주당 106.50달러(총 인수 금액 약 88억 달러)에 던킨 주식을 모두 인수했는데 소액 주주였지만 두 자릿수 수익률 이익을 볼 수 있었어요. 다만 인수합병 소식이 나온 후에는 주가 변동성이 크기 때문에 조심해야 합니다.

저의 두 번째 상장 폐지주식은 '티파니앤코Tiffany & Co.'였습니다. 티파니앤코의 보석은 예쁘지만 비싸잖아요. 티파니앤코 주식을 살 때는 결혼할 마음이 없기도(?) 해서 더더욱 구매할 일은 없었지만 대신 주식을 샀었습니다. 꽤 쏠쏠하게 주가도 오르고 했는데 여러분들 아시는 그 회사, 루이비통을 거느린 루이비통모에헤네시Louis Vuitton Moet Hennessy가 티파니앤코를 1주당 135달러(총 인수 금액 약 162억 달러)에 전부 인수했습니다.

소액 주주였던 저는 티파니앤코의 주식을 잃는 대신 역시나 두 자릿수 수익률에 빛나는 이익을 본 기억이 있어요. 그러니 상장 폐지가 늘 나쁜 것은 아닙니다. 최근에는 미국 대표 백화점 체인 메이시스의 자진 상장 폐지 가능성이 투자자들의 눈길을 끌기도 했습니다.

하지만 대부분 상장 폐지는 '악재'입니다. 기업 실적이 악화되고 미래가 보이지 않아 주가가 급락한 경우에 이뤄지기 때문입니다. 대표적인 사례가 최근 2023년 11월에 상장 폐지된 '공유 오피스' 위워크WeWork입니다. 그리고 '수소 트럭' 니콜라Nikola 역시 상장 폐지설이 꾸준히 나왔죠.

뉴욕증권거래소와 나스닥증권거래소NASDAQ는 기업 주가가 30거래일 간 1주당 1달러 미만으로 거래되면 해당 기업에 대해 기준 위반 통보를 한 후 상장 폐지 절차를 시작합니다. 기업이 상장 폐지를 면하려면 주가를 올리기 위한 대응책을 거래소 등에 제시해야 하는데요. 대표적인 방법이 유통 주식 수를 줄이는 '주식 병합(역분할)'입니다.

주식 분할과 주식 병합은 뭐가 다르죠?
GE와 테슬라

미국 기업들은 주식 분할을 하는 경우가 적지 않습니다. 주식 분할은 경영진이 미래 주가·사업 실적을 낙관할 때 주로 추진하기 때문에 호재로 통합니다.

일례로 테슬라는 2020년 8월에 창사 이래 첫 주식 분할을 했는데 당시에는 1대 5 분할이었습니다. 이어 2022년 8월에는 1대 3 주식 분할을 했죠. 애플도 2020년 8월에 1대 4 주식 분할을 했습니다. 아마존도 1999년 9월 이후 약 23년 만에 처음으로 2022년 6월에 1대 20 주식 분할을 단행했고요.

2024년 3월에는 '부리또 보울'로 유명한 치폴레멕시칸그릴(CMG)이 뉴욕증권거래소 사상 최대 규모인 1대 50 주식 분할을 발표했죠. 같은 해 5월 'AI 대장주' 엔비디아도 1대 10 주식 분할 계획을 냈습니다.

주식 분할은 기업 분할 방식 중 하나입니다. 기업 분할은 크게 세 가지 '주식 분할', '물적 분할', '인적 분할'로 나눠서 보는데요. 우리가 개인 투자자로서 가장 흔하게 접하는 것은 물적 분할과 주식 분할(혹은 액면 분할)입니다.

미국 증시에서는 액면 분할이라는 말 대신 주식 분할이라는 말을 씁니다. 액면 분할이란, 주식 한 주의 액면가액을 여러 개로 쪼개는 것을 말하는 반면 주식 분할은 주식 자체를 여러 개로 쪼개는 것을 말합니다. 예를 들어 치폴레 주식 '1대 50 분할'이라고 하면 기존에 치폴레 주식 1주를 가지고 있던 주주가 기존 1주를 반납하고 새로 50주를 가지게 되는 효과를 냅니다. 주주의 권리는 달라지지 않고 주식만 쪼개지는 겁니다.

물적 분할은 기업이 특정 사업을 떼어내 새로 자회사를 설립하고, 자회사 지분 100%를 모회사가 갖는 기업 분할 방식입니다. 물적 분할은 특히 우리나라에서 악재로 통합니다. 자회사 상장 때, 모회사 기존 주주들은 자회사 주식을 배정받지 못하기 때문입니다. 모회사 알짜 사업부가 떨어져나가 상장을 하는데 정작 주주들은 아무런 배려를 받지 못한다면 모회사 주가가 떨어질 가능성이 높겠죠. 2022년 1월 LG에너지솔루션의 상장 작업이 한창이던 때 모기업이던 LG화학 주가가 급락한 것이 대표적인 사례입니다.

반대로 주식 분할은 호재로 통합니다. 그래서 주식 분할 발표가 나오면 주가가 뛰는 경향이 있습니다. 테슬라를 보면 주식 분할을 발표한 지난 해 8월 11일 주가가 274.88달러였지만 분할이 이뤄진 8월 31일에는 498.32달러였죠. 합병 발표 1달 후인 9월 11일에는 372.72달러, 2달 후인 10월 9일에는 434.00달러였습니다. 결과적으로 분할 발표는 주가가 오르는 데 도움이 될 만한 소식이었습니다. 애플이나 엔비디아도 마찬가지였죠. 물론 엔비디아 같은 경우 2024년 6월 중순, 주식을 분할했지만 한 달 만인 7월 중순에 주가가 급락한 것처럼 주식 분할이 늘 호재인 것만은 아닙니다.

주식 분할이 있다면 주식 병합reverse stock split도 있습니다. 주식 병합은 기업이 기존에 발행해 유통한 주식을 더 적은 수의 새 주식으로 바꾸는 것을 말합니다. 대표적인 사례가 미국 원조 공룡기업 제너럴 일렉트릭(GE)인데요. 2021년 8월에 '8대 1' 병합을 했습니다. 1대 8 비율이기 때문에 기존에 GE 주식을 8주 소유한 투자자는 이제 통합된 새 주식 1주를 가지게 되는 셈입니다. 주식 병합은 분할과 마찬가지로 주주의 지위나 기업 시가총액에 직접적인 영향을 주지 않아요. 기업의 기초 경제 여건과도 상관이 없습니다.

그럼에도 불구하고 주식 병합은 그다지 반길 만한 소식은 아닙니다. 주식 병합은 주로 증권거래소들이 기업에 대해 주가를 특정 수준 이상으로 유지하도록 요구하는 상황에서 벌어지는데, 이미 해당 종목 주가가 너무 떨어진 상태에서 거래소가 쉽게 말해 확인 사살을 하는 셈입니다. 일례로 나스닥증권거래소는 주가가 1주당 1달러 이상은 돼야 한다는 조건을 걸고 있어요.

주식 병합은 우량 기업들 중에는 사례가 많지 않습니다. 주로 니콜라처럼 사업 수익이 안 좋은 성장 기업들 중에서 주가가 폭락했는데 상장 폐지를 피하고 싶은 경우 주식 병합을 합니다.

우량 기업 중 주식 병합을 한 사례를 굳이 찾아보면 GE 사례가 있었고요. 또 지난 2008년 금융위기 여파가 이어진 지난 2011년 5월 9일 시티그룹(C)이 10대 1 병합을 했습니다. 그리고 2003년 6월 16일에는 부킹닷컴, 아고다, 프라이스라인 등 여행 관련 상품 및 서비스 예약 플랫폼을 운영하는 기업 부킹홀딩스(BKNG)가 6대 1 병합을 한 적이 있습니다.

주식 병합 발표가 나오면 단기 주가 반응은 어떨까요? 시티그룹 사례를 보면 주식 역분할 발표가 나온 2011년 3월 21일 1주당 44.33달러였는데 1달 후인 4월 21일에는 45.50달러, 분할이 이뤄진 5월 9일에는 44.16달러, 2달 후인 5월 20일에는 41.02달러였습니다. 결과적으로 병합 발표가 주가가 오르는 데 별로 도움이 될 만한 소식은 아니었네요.

미국 주식 투자 수익률, 한국 주식과 뭐가 다르죠?

우리가 미국 주식에 투자하려는 이유를 크게 두 가지 꼽을 수 있습니다. 하나는 과거와 마찬가지로 우상향할 것이라는 기대입니다. 오랜 시간 동안 도무지 시세가 오르지 않고 상자에 갇힌 것 같다는 의미의 '박스피' 오명을 가진 한국 증시 코스피 지수와 달리 미국 증시의 S&P 500 지수는 '미국판 퇴직연금'인 401(k) 자금 등이 안정적으로 유입되면서 꾸준히 올라왔습니다.

사람들이 미국 주식에 투자하려는 또 다른 이유는 배당 매력입니다. 물론 성장하는 기업들은 대부분 배당을 하지 않는데 대체로 현금 여력이 크지 않기 때문입니다. 그렇지만 대체로 미국 기업들은 분기별로 배당을 주는 경우가 많습니다. 분기별 배당을 하면 12개월 동안 총 4번 배당을 받을 수 있고요. 또 월 배당은 12개월 동안 총 12번 배당을 받을 수 있습니다.

또박또박 배당받고 싶을 때 알아야 할 것

미국 배당주에 투자할 때는 한국 주식과 마찬가지로 '배당 기준일record date'과 '배당락일ex-dividend date'을 알아두면 좋습니다. 배당 기준일이란 배당금을 받기 위해서 주주가 주식을 가지고 있어야 하는 날을 의미합니다. 배당락일이란 단어에서도 알 수 있듯이 배당금 받을 권리가 사라진 날을 말하는데요. 미국 주식의 경우 배당 기준일 바로 다음 거래일부터가 배당락일입니다.

그러니까 배당 기준일이 지나면 배당락일이어서 배당을 받을 수 없다고 보면 됩니다. 미국 주식 투자를 하다 보면 어쩔 수 없이 마주해야 하는 단어들이 있고, 이 단어들이 헷갈리는 경우가 있으니 알아두면 좋습니다. 당장 배당을 받고 싶다면 한국 시간으로 시차를 따지기보다는 현지 시간을 기준으로 해서 배당 기준일 이전까지 주식을 매수하는 게 마음 편합니다.

다만 배당주 같은 경우 배당락일부터는 주가가 떨어지는 경우가 있는데요. 배당금을 목적으로 주식을 샀던 투자자들이 배당 기준일이 지나서 주식을 파는 경향이 있기 때문입니다. 어차피 배당 기준일까지만 주식을 보유하고 있으면 이후에 팔아도 해당 배당금은 받을 수 있기 때문입니다.

그러니 배당주를 조금이라도 싸게 매수하고 싶다면 당장 배당 받겠다는 마음을 잠시 미뤄두고 배당락일 이후 주가가 떨어질 때 주식을 사두는 것도 좋은 방법입니다.

미국 주식 투자할 때 꼭 알아야 할 세금 4가지

미국 주식 투자를 할 때 알아야 할 세금은 크게 4가지로 구분할 수 있어요. 양도소득세, 배당소득세, 금융소득종합과세, 증권거래세·수수료 입니다. 여기서 가장 크게 신경 쓸 부분은 양도소득세와 배당소득세입니다.

'양도소득세'와 '배당소득세'

우선 양도소득세는 한국 거주자가 한 해 동안 미국 주식 등 외국 주식을 사고팔아 얻은 일정 금액 이상의 양도차익(=순수익)에 대해 소득세법에 따라 내야 하는 세금을 말합니다. 양도소득세 세율은 22%이니 부담이 큰 편입니다.

하지만 분리 과세이기 때문에 그나마 다행이죠. 분리 과세라는 건, 특정 소득을 다른 소득과 합산하지 않고 특정 소득에 대해서만 정해진 세율에 따라 세금을 거둬가는 것을 말합니다. 그러니까 누진세 걱정은 하지 않아도 된다는 뜻이에요.

양도차익은 원화를 기준으로 합니다. 미국 주식을 직접 투자한 경우 양도차익은 당연히 달러화 기준으로 정산되는데요. 다만 양도소득세는 국내에 납부하는 세금이기 때문에 결제 기준일 기준 서울외국환 환율로 원화환산해서 표시되는 금액을 기준으로 부과됩니다. 따라서 원·달러화 환율 변동에 따라 전체적으로 내야 하는 세금이 달라질 수 있겠죠.

물론 원화 기준으로 '손절'을 한 경우라면 세금을 낼 이유가 없고요. 매년 1월 1일부터 12월 31일까지 한 해 동안 미국 주식 매매로 양도차익을 낸 경우에, 이 중 250만 원은 세금을 물리지 않고(세액 공제) 250만 원을 초과한 부분에 대해서 22% 양도소득세를 내야 합니다.

양도소득세는 수익을 낸 본인이 관할 세무서에 직접 신고한 후 세금을 납부하는 '자진 납부' 방식인데요. 다만 증권사들이 양도세 신고 대행서비스를 해주고 있으니 서비스를 이용하면 됩니다. 신고 기간은 양도소득이 발생한 다음 해 5월 1일부터 31일인데 보통 증권사들이 한 달 전인 4월쯤에 양도세 신고 안내를 해줍니다. 단순한 예를 들면, 내가 한 해 동안 미국 주식을 사고팔아서 양도차익이 원화 기준 1,000만 원이 됐다면 2024년 5월에 양도소득세를 신고해야 합니다.

우리가 흔히 쓰는 증권사 모바일 앱으로 양도세 신고 대행 서비스를 이용하면 되고요. 내야 하는 세금은 1,000만 원에서 세액공제 대상인 250만 원을 제외한 나머지 750만 원의 22% 입니다. 계산해보면 165만 원이네요.

(1,000만 원 - 250만 원) × 0.22 = 165만 원

배당소득세도 있죠. 미국 주식 배당세율은 기본적으로는 15%입니다. 배당소득세는 현금배당과 주식배당에 대해 원천징수하는 세금을 말합니다. 해외주식 배당소득세는 기본적으로는 현지 세법에 따라 현지에서 원천 징수되기 때문에 크게 신경 쓸 일은 없어요. 미국 주식

배당소득세 15%가 떼어진 후에 나머지 금액, 그러니까 세후 배당소득이 우리 계좌에 입금되기 때문입니다.

'금융소득종합과세'와 '건강보험료'

그런데 우리가 미국 주식을 배당 소득을 목적으로 집중 투자했다면 조금 더 복잡해집니다. 바로 금융소득종합과세와 건강보험료 때문인데요.

금융소득이란 이자소득과 배당소득을 합친 소득을 말합니다. 금융소득이 연 2,000만 원 이하인 경우에는 우리나라 국세청이 15.4% 분리 과세를 합니다. 분리 과세라는 건, 특정 소득을 다른 소득과 합산하지 않고 특정 소득에 대해서만 정해진 세율에 따라 세금을 거둬 가는 것을 말한다고 했죠? 여기까지는 누적세율 걱정을 안 해도 됩니다.

다만 금융소득이 연 2,000만 원을 초과하면, 초과하는 금액에 대해서는 국세청이 다른 소득과 합산해 종합소득세를 부과합니다. 종합소득세는 누적세율이 적용되기 때문에 소득 구간에 따라 세율이 확 뛸 수 있습니다.

한편 건강보험료 같은 경우는, 연간 금융소득이 2,000만 원을 초과하는 경우에 피부양자 자격을 박탈당할 수 있어요. 건강보험료를 납부하는 사람은 크게 직장 가입자, 지역 가입자, 피부양자 이렇게 3 유형으로 나뉩니다. 이 중 피부양자는 회사에 다니는 가족 중 한 명에 포함돼 건강보험료를 내지 않고도 혜택을 받아요.

회사원 같은 직장 가입자는 금융소득이 2,000만 원을 초과하는 경우, 프리랜서·개인사업자·은퇴자 같은 지역 가입자는 1,000만 원을 초과하는 경우 건보료가 오를 수 있습니다. 내가 건강보험 피부양자에 해당하는 가정주부였는데 예·적금과 배당주 투자를 열심히 해서 한 해 금융소득이 2,000만 원을 초과했다면 건강보험료를 내야 합니다.

그리고 증권거래세·수수료가 있습니다. 다만 증권거래세는 미국 증권거래위원회(SEC)가 미국 주식 매도 시 세금을 징수하는 것을 말하는데 종종 바뀌지만 0.01% 미만입니다. 미국 주식 배당소득세처럼 자동으로 징수되기 때문에 따로 신경 쓸 필요가 없어요.

이밖에는 증권사 거래 수수료, 자산운용사가 ETF 운용보수로 떼어가는 수수료 등 매우 다양한 경우가 있기 때문에 직접 확인해봐야 합니다. 하지만 둘 모두 증권사·자산운용사간 할인 경쟁이 벌어지고 있고 통상 0.5%를 밑돌기 때문에 양도소득세나 배당소득세만큼 따로 신경 써야 하는 수준은 아닙니다.

마지막으로 미국 주식에 직접 투자하는 경우 환전 비용을 생각해 볼 수 있는데요. 환전은 증권사 모바일 앱을 통해서 실시간으로 할 수 있으니 크게 고민하지 않아도 됩니다. 다만 환전 시간대에 따라 환율이 달라지고 증권사마다 환전 수수료가 달라요. 증권사마다 환전과 관련한 이벤트를 열기도 하니까 내가 이용하는 증권사는 어떻게 하고 있는지 직접 확인하면 됩니다.

자, 그러면 미국 증시의 ETF는 어떨까요? 먼저 미국 증시에 상장된 해외 ETF의 경우 투자를 통해 얻을 수 있는 수익은 크게 매매차익

ETF 종류별 수익에 따른 세금 체계

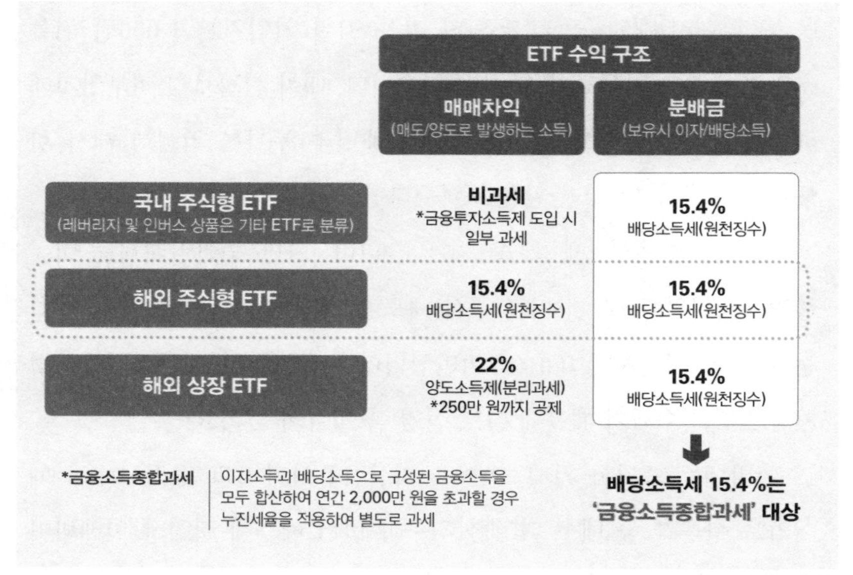

ETF 수익 구조	매매차익 (매도/양도로 발생하는 소득)	분배금 (보유시 이자/배당소득)
국내 주식형 ETF (레버리지 및 인버스 상품은 기타 ETF로 분류)	비과세 *금융투자소득제 도입 시 일부 과세	15.4% 배당소득세(원천징수)
해외 주식형 ETF	15.4% 배당소득세(원천징수)	15.4% 배당소득세(원천징수)
해외 상장 ETF	22% 양도소득제(분리과세) *250만 원까지 공제	15.4% 배당소득세(원천징수)

*금융소득종합과세 | 이자소득과 배당소득으로 구성된 금융소득을 모두 합산하여 연간 2,000만 원을 초과할 경우 누진세율을 적용하여 별도로 과세

배당소득세 15.4%는 '금융소득종합과세' 대상

출처: 미래에셋 자산운용

과 분배금으로 나뉩니다.

ETF도 개별 종목처럼 매매차익은 양도소득세가 적용되고 분배금은 배당소득세가 부과됩니다. 길게 문장으로 나열하면 오히려 복잡해지기 때문에 표로 정리해둘게요.

'국민 절세 계좌' ISA로 똘똘하게 투자하기

결과적으로 최대한 절세하기 위해서는 '개인종합자산관리계좌Individual Savings Account, ISA'을 비롯해 연금저축이나 개인형 퇴직연금Individual Retirement Pension, IRP 같은 연금계좌 연금저축을 활용하는 것이 좋습니다. 다만 연금계좌보다는 ISA가 더 연령대를 아우를 수 있어서 '국민 절세 계좌'라는 별명까지 붙었는데요. 똘똘한 미국 주식 투자를 위해서 우리도 ISA 이야기를 해볼까 합니다.

시작부터 고백하자면 사실 저는 ISA 계좌를 만들어 두기만 하고 거의 활용하지 않았습니다. ISA 같은 경우, 미국 주식 직접 투자는 안 되고 한국 증시에 상장된 미국 투자형 ETF를 통해 간접적으로 투자할 수 있기 때문이었는데요. 하지만 ISA의 장점이 많다는 점을 알게 된 후로는 열심히 활용하고 있습니다.

ISA는 한국 개별 주식이나 한국 자산운용사들이 출시한 미국 배당주 ETF에 투자하는 사람들이 투자에 따른 세금 비용을 아낄 수 있다는 점에서 강점을 발휘하는 계좌인데요. 처음에 저는 미국 주식을 직접 매매하는 것을 선호하고 또 기술주 중심으로 장기 투자를 하다 보니 딱히 필요성을 느끼지 못했어요. 그러다가 세금 비용을 아끼는 것이 재테크 측면에서 매우 중요하다는 점을 체감하고 나서야 비로소 ISA가 눈에 들어오더라고요. 결론부터 정리해보면 아래와 같은 절차로 ISA 계좌 활용이 가능해요.

ISA 계좌는 **중개형**(개인이 직접 종목을 골라서 사고파는 형식)으로 가입

만기는 **3년**(의무 가입 기간)으로 설정

만기 3년을 즈음해 계좌 수익(매매차익·배당수익)이
세액 공제 한도(일반형은 3년 간 총 200만 원, 서민·농어민형은 총 400만 원)를
넘길 지 여부 확인하기

3년 간 내 수익이 세액 공제 한도(일반형 200만 원) 넘길 듯한 경우 계좌 해지후
연금계좌(연금저축계좌나 IRP 등)로 **갈아타서 추가로 세액공제혜택** 받거나
ISA 재가입하기 or 못 넘길 것 같으면 ISA 계좌 **만기 연장 가능**

잠깐 본격적인 이야기에 들어가기 전에 확인해야 할 부분이 있습니다. 정부가 ISA 제도 키우기에 나선 상황이어서 기존에 적용되던 ISA 계좌 가입 조건이나 혜택이 달라질 수 있다는 점이에요. 물론 정부가 세법 개정안 등을 통해 ISA 계좌 혜택을 늘리려고 해도 국회를

거치는 과정에서 지금 구체적인 내용이 일부 달라질 수 있고, 또 개정안이 국회를 통과해 실제 시행되는 데까지 정책 시차가 있기 때문에 우리로서는 앞으로 바뀌는 내용을 미리 예측해서 투자할 순 없겠죠.

다만 앞으로 변화가 생길 때, 복잡하게 헤맬 필요 없이 간단하게 이해할 수 있는 포인트를 세 가지로 짚어볼게요. 2024년 상반기까지 정부가 발표해온 ISA 개편안 중에서도 우리에게 유리할 수 있는 부분이에요.

첫째는, 가입 자격과 관련해서 '1인 1 ISA 계좌' 제한이 풀릴 수 있어요. 2024년 8월 기준으로는 한 사람이 ISA 계좌 세 종류(일임형·신탁형·중개형) 중 한 개만 선택해서 가입할 수 있었는데 정부 계획대로라면 앞으로는 두 개 이상 계좌를 만들 수 있게 됩니다. ISA 계좌가 절세 계좌로 유명한데, 두 개 정도 가질 수 있다면 아무래도 투자할 때 세금 비용을 아낄 수 있으니 투자자는 반길 만한 부분입니다.

게다가 '금융소득종합과세자'는 기존에 ISA 계좌를 만들 수 없었지만 앞으로는 만들 수 있도록 하는 방안을 정부가 추진 중입니다. ISA 도입 초기에는 금융소득이 연 2,000만 원 넘는 정도로 자산이 있는 사람이면 정부가 굳이 세금 혜택을 줄 필요가 없다고 판단했을 법도 합니다. 하지만 시간이 흐르고 국민연금 한계가 커질수록 정부로서도 개인 노후 관리를 각자 알아서 잘하도록 지원할 필요성이 커지면서 ISA 혜택을 늘리려는 모양입니다.

둘째, 납입 한도가 두 배로 늘어날 수 있습니다. 쉽게 말해 우리가 ISA 계좌를 통해 굴릴 수 있는 자금 한도가 두 배로 늘어난다는 것인데요. 2024년 8월 초 시점에서는 ISA 계좌에 12개월마다 최대 2,000만 원을 넣어서 자금을 굴릴 수 있는데, 앞으로는 4,000만 원까지 납입금을 확대한다는 것이 정부 안입니다. 굴릴 수 있는 돈이 많을수록 수익을 더 낼 수 있으니 역시나 투자자들로서는 반길 만한 부분이죠.

셋째, 비과세 혜택 역시 늘어날 수도 있어요. 쉽게 말해 우리가 ISA 계좌를 통해 얻은 수익에 대해 세금을 덜 내게 될 수도 있다는 이야기인데요. 2024년 8월 시점에서는 ISA 계좌의 비과세 한도가 200만 원(서민·농어민형은 400만 원)이었는데, 앞으로는 500만 원(서민·농어민형은 1,000만 원 등)까지 확대한다는 것이 정부 안입니다. 그러니까 지금까지는 일반형 ISA 계좌 가입 한도 기간 동안 얻은 수익이 200만 원을 넘으면 정부가 세금을 매겼는데, 앞으로는 500만 원이 넘어야 세금을 매긴다는 것이니 반길 만한 일이기는 합니다.

물론 반드시 정부 계획대로만 제도가 바뀌는 것은 아닙니다. 다만 앞으로 어떤 변화가 생기면 이 세 가지 포인트(가입자·납입 한도 확대 여부·세제 지원 범위 연장 여부)에 맞춰서 무엇이 어떻게 달라지는지 확인해 보면 간단해져요.

아무튼 일단은 지금 시행 중인 제도에 맞춰서 ISA 계좌 굴리기에 대해 하나하나 살펴보겠습니다. ISA 계좌가 생긴 것은 2016년이지만, 본격적으로 투자자들 사이에서 이름을 알리게 된 때는 2021년입니다. 이 글을 읽는 우리들 중 누군가는 이미 ISA 계좌를 만들었는데 쓰지 않고 있는 사람도 있고 또 누군가는 쓰고는 있는데 만기가 다가온다거나, 또 누군가는 새로 만들 계획을 가지고 있을 겁니다. 다만 언제

가입했는지에 따라 구체적인 사정이 모두 다르기 때문에 2021년 이후 나온, 가장 일반적인 중개형 ISA 계좌를 중심으로 살펴볼게요.

혹시나 조금 더 궁금하신 분들을 위해 살짝 짚고 넘어가자면, ISA 계좌는 2016년에 도입됐는데 당시에는 신탁형 · 일임형 계좌만 있었고 만기도 5년짜리였습니다. 신탁형이나 일임형은 금융기관을 통해서 투자하는 형식이라 예적금인 경우가 많았다고 해요. 이후 2021년에 중개형 ISA 계좌가 추가됐고 의무 가입 기간(3년) 제도가 생겼어요. 이때부터 본격적으로 개인 투자자들이 "내 재테크는 내가 책임진다"는 적극적인 마음가짐으로 나서면서 중개형 ISA 계좌를 주로 만들었고, 그래서 ISA 계좌 특히 중개형 ISA 계좌가 '국민 절세 계좌'라는 별명을 얻기 시작했습니다.

굳이 ISA 계좌로 투자를 왜 해야 할까요?

ISA 계좌의 가장 큰 장점은 세금을 아낄 수 있는 '절세 계좌'라는 점입니다. ISA 계좌를 쓰면 세금을 깎아주기 때문인데요. 특히 배당주에 투자할 때 세금 절약 기능이 빛을 발한다고 생각합니다.

개인적으로 느끼는 장점 하나만 더 꼽자면 조금 마음 편하게 적립식 매수할 수 있어요. ISA 계좌로는 어차피 한국 증시에 상장된 종목(한국 증시에 상장된 미국 등 해외투자상품도 가능)에 투자할 수 있기 때문에 미국 증시에서 직접 매매하는 것보다는 선택의 폭이 넓지 않아요. 선택폭이 좁은 걸 단점이라고 생각할 수 있지만 한편으로는 고민의 폭이 줄어든다는 것을 뜻하기도 합니다. 저 같은 경우에는 국내에 상장된 미국 투자 종목 중에서도 배당형 ETF를 위주로 사서 모으게 되더라고요.

중개형 ISA 계좌의 절세 효과가 빛을 발하는 건 국내 증시에서 거래되는 미국 주식형 ETP(ETF나 ETN)를 사고팔 때입니다. 특히 미국 주식형 ETP 중에서도 미국 주식형 ETF가 상품도 비교적 다양하고 투자자들도 선호하기 때문에 ETF 중심으로 볼게요.

일반 증권 계좌로 국내에 상장한 미국 주식형 ETF에 투자하는 경우 원칙적으로 1년 동안 번 매매 차익에 15.4%의 세금이 붙고, 분배금 수익에도 15.4%의 배당소득세를 한국 정부가 부과합니다. 그런데 ISA 계좌로 국내에 상장한 미국 주식형 ETF에 투자하는 경우에는 세금을 깎아준다는 엄청난 장점이 있습니다.

ISA 계좌로 미국 주식형 ETF에 투자할 때 장점 세 가지

ISA 계좌로 미국 주식형 ETF에 투자하는 경우 크게 세 가지 측면에서 절세 효과를 기대할 수 있어요. 최근에 정부가 ISA 혜택을 늘리기 위해 다양한 방안을 추진하고 있는데 이 글을 쓰는 시점에서는 아직 최종 확정된 것이 없다는 점을 염두에 두고 기존 ISA 제도에 비춰 정리하겠습니다.

첫째, '손익통산 세액 공제' 매매차익과 배당소득세를 합쳐서 총 200만 원(일반형 기준, 서민·농어민형은 400만 원)에 대해서는 세금을 부과하지 않습니다. 손익통산이 뭘까요? '순이익'을 떠올리면 쉽습니다. 손익통산이란 매매에 따른 손실이나 이익, 배당소득 등 모든 수익과 손실을 한꺼번에 합쳐서 계산하는 것을 말합니다. ISA 계좌 내에서는 손익 통산한 순이익이 200만 원을 초과한 경우에만 세금을 내면 됩니다.

아주 간단히만 보면요. 내가 ISA 계좌로 투자해서 딱 200만 원 수익이 났다면, 세금을 내지 않아도 됩니다. 하지만 일반 계좌로 투자를 해서 비과세 혜택이 없다면, 200만 원어치의 수익에서 15.4%의 세금이 발생하는데 거의 30만 원이나 되는 금액을 세금으로 내야 합니다. 단순히 '어떤 계좌를 선택하느냐' 이것 하나만으로도 30만 원이 왔다 갔다 하게 되는 셈이에요. 만약에 내가 ISA 계좌로 주식을 매매해서 400만 원 손실이 났는데 배당소득이 300만 원이면 합쳐서 100만 원 손실이니 세금 안 내도 됩니다.

둘째, '3년 이상 손익통산'입니다. ISA 계좌 가입 기간을 정할 때 보통 가장 많이 선택하는 기간이 의무 가입 기간인 3년이니까 지금부터는 쭉 3년을 기준으로 이야기해볼게요. ISA 계좌 손익통산이란 가입 기간 3년을 채우는 경우 3년 동안 ISA 계좌에서 발생한 손실과 이익을 전부 합쳐주는 것입니다. 원칙적으로 일반 계좌는 한 해 동안 낸 수익에 대해 세금을 매기는데 ISA 계좌는 3년을 통틀어서 합산해줍니다. 만약에 내가 ISA 계좌로 투자해서 어떤 해에는 400만 원 순이익이 났는데 3년을 전부 합쳐서 보면 100만 원 순이익에 그친 경우, 200만 원을 넘지 못했으니 세금을 안 내도 됩니다.

ISA 계좌를 활용해 미국 배당주에 간접 투자하면 금융소득종합

과세 부담을 덜 수 있어요. 고액 부동산 투자자들이 신경 쓰는 부분이 종합부동산세라면, 주식에 큰 비중을 둔 투자자들이 신경 쓰는 부분은 금융소득종합과세입니다.

ISA 계좌로 3년간 투자한 순수익이 200만 원을 초과했다면 초과한 부분에 대해서는 정부가 9.9%를 분리 과세하는데요. ISA 계좌 분리 과세란, 해당 계좌를 통해 투자해 얻게 된 순수익이 200만 원을 초과했을 때, 이 초과 수익을 '다른 소득과 종합해서 과세하지 않고', 200만 원 초과한 부분만 '따로 분리해서 과세한다'는 의미입니다.

이게 왜 메리트냐면, 종합 과세를 하는 경우에는 소득 구간에 따라 누진세율 세금 폭탄을 맞을 수 있어요. 즉, 일반적으로는 한 해 동안 얻은 금융소득(=이자, 배당 등 소득)이 2,000만 원을 초과하는 경우에는 흔히 말하는 세금 폭탄을 맞을 수 있습니다. 정부가 금융 소득 2,000만 원 초과분을 다른 소득과 합산해서 세금을 매기는데 이 종합소득세가 소득 구간에 따라 세율이 확 뛰는 누진세율 구조여서 그렇습니다.

그런데 ISA 계좌에서 나온 소득은 종합 과세가 아닌 분리 과세이기 때문에 ISA 계좌가 아닌 다른 데서 나온 금융소득까지 신경 쓰지 않아도 됩니다. ISA 계좌를 통해 얻은 손익통산 순수익이 200만 원을 초과하면 초과한 부분에 대해서만 정해진 9.9%만 세금을 내면 되는 식입니다.

세 가지 외에 추가 장점도 있죠. 납입금 이월이 가능하다는 점입니다. ISA 계좌 가입자는 한 해 2,000만 원까지만 계좌에 넣어서 투자할 수 있습니다. 물론 100만 원만 넣어도 되고 1,000만 원만 넣어도 되는데 혜택이 큰 계좌이니까 이왕이면 한도를 꽉꽉 채워서 투자금을 늘리고 싶은 마음이 크잖아요.

그런데 개인 사정상 이번 해에 ISA 계좌에 2,000만 원을 넣지 못했다면 다음 해에 넣을 수 있어요. 예를 들어 내가 올해에 2,000만 원 꽉 채워서 넣고 싶었는데 이사 자금 부담 때문에 700만 원만 넣었다면 내년에는 내년치 한도인 2,000만 원에 더해서 올해 못다 넣은 1,300만 원을 합쳐 3,300만 원 넣어도 됩니다.

ISA 계좌로 1년에 2,000만 원씩 3년간 적립식 투자하는 게 누군가에게는 굉장히 부담일 수 있습니다. 하지만 요즘 짠테크 유행도 계속 이어지고 여러모로 재테크에 대한 관심이 많습니다. 1년에 2,000만 원이면 1달에 166만 원 정도 입니다. 적은 액수는 아니지만 가능한 만큼 도전해보는 것도 의미가 있을 것 같아요.

ISA 계좌는 누가 가입할 수 있을까요?

쉽게 말해서 평범한 일반인은 가입할 수 있고 금융소득이 많은 부자는 가입이 안 됩니다. 앞에서 언급한 것처럼 정부의 ISA 개편안에 따라 이 부분은 달라질 수 있지만, 모든 것을 미리 예측할 수 없기 때문에 현재 시점에서 볼게요.

정책의 취지를 생각해보면 쉽습니다. ISA는 지난 2016년 정부가 서민들의 재산 증식을 지원하려는 목적으로 도입한 절세 계좌입니다.

부자들은 가진 자산으로 충분히 노후를 대비할 수 있겠죠. 그렇지 않은 개인이 국민연금에만 의지하지 않고 스스로 자신의 노후를 준비할 수 있도록 하는 차원에서 정부가 세제 혜택을 줘가며 지원에 나선 겁니다.

평범한 일반인 입장에서 "절세(세금 절약)가 다 무슨 소용이냐, 자산 키우기가 우선이다" 할 수도 있어요. 하지만 정부 입장에서는 해줄 수 있는 게 재정 지원 아니면 세금 지원(세제 혜택)인데, 재정 지원을 하면 '돈 퍼주기'라는 비난을 듣는 데다 나랏돈 사정도 무한대로 넉넉하지 않다보니 세제 지원 쪽으로 가는 것 같습니다.

국민연금만 봐도 재정 고갈 위기 이야기가 자주 나오죠. 국민연금 고갈 위기가 나날이 커지다 보니 정부가 국민연금의 한계를 메꿀 대안으로 사적연금 지원에 나서는 과정에서 ISA 계좌가 나온 겁니다.

그런데 대체 사적연금이 뭐냐고요? 개인이 알아서 스스로 노후를 준비하는 연금을 사적연금이라고 하고요. 반면 국가가 주도해서 국민에게 노후에 일정 금액을 주는 생활보장방식을 공적연금이라고 합니다. 국민연금을 말하는 거죠. 다만 공무원·군인·사학연금은 국민연금에 연계되어 따라다니기 때문에 공적연금으로 부르기도 합니다.

아무튼 공적연금, 그러니까 국민연금은 재정상 한계가 너무 커서 정부가 사적연금을 지원해주려고 하는데 이 과정에서 나온 여러 지원책 중 하나가 ISA입니다. 그래서 ISA 가입 자격을 다시 한번 쉽게 표현하면요. 아직은 금융소득이 많은 부자가 아닌 평범한 사람이 가입할 수 있고, 한 명이 ISA 계좌 하나만 가입할 수 있습니다(1인 1계좌).

그럼 부자란 누구일까요? 부자를 정의하는 기준은 여러 가지가 있어요. 하지만 ISA 가입 자격과 관련해서 한정하면 최근 3년 동안 금융소득종합과세 대상인 사람들을 말합니다. 금융소득종합과세는 앞에서 간단히 언급했듯 금융소득이 연 2,000만 원을 초과한 사람들을 대상으로 이 사람들이 번 금융소득과 그 외의 다른 소득(근로소득세·사업소득세 등)을 합산해서 종합소득세를 매기는 것을 말합니다. 종합소득세는 누진세 구조니까 말만 들어도 세율이 꽤 높을 것 같죠? 종합소득세는 소득 구간마다 세율이 다른데요, 돈을 많이 벌수록 세율이 비례해서 높아지는 게 아니라 그 이상 더 높게 매겨집니다.

이때 금융소득이란 쉽게 말해서 이자소득과 배당소득을 합친 것을 말합니다. 한 해 동안 이자소득과 배당소득만 총 2,000만 원이 넘는다는 것은 최소한 이자와 배당만으로 월 166만 원 이상 번다는 의미이기 때문에 제가 ISA 계좌 가입 자격을 쉽게 이해하실 수 있도록 '부자'라고 표현해봤습니다.

물론 내가 ISA 계좌를 만들 때는 부자(금융소득종합과세 대상자)가 아니었는데 도중에 부자가 된다고 해서 ISA 혜택도 덩달아 사라지거나 하지는 않습니다. 다만 도중에 내가 금융소득종합과세 대상자에 해당하게 되면 국세청이 알아서 내가 ISA 계좌를 가지고 있는 금융사로 통보하고 특정 기한 안에 계좌를 해지하라는 안내를 준다고 합니다. 이에 따라 해지하면 되는데, 그러지 않고 그냥 가만히 있으면 그간 받은 혜택을 토해내고 해지될 수도 있으니 주의해야 합니다.

아무튼 ISA에 가입할 수 있는 사람이 '부자가 아닌 경우'라고 하니 너무 광범위하게 느껴지죠. 그래서인지 ISA는 가입 자격에 따라 일반형, 서민형, 농어민형으로 나눠집니다. 이건 소득 사정에 따라 분류되니 우리가 선택할 수 있는 부분이 아니에요. 굳이 유형이 나뉘는 이유는 받는 혜택에 차이가 있기 때문이에요. 일반형 보다는 서민·농어민형 혜택이 조금 더 큽니다.

우선 서민형은 ❶ 직전년도 무소득자 ❷ 총 급여액 5,000만 원 이하인 근로자 ❸ 종합소득금액 3,800만 원 이하인 사업자에 해당하면 가입할 수 있어요. 그리고 농어민형은 직전년도 종합소득이 3,800만 원 이하인 농어민 거주자가 해당하고요. 서민형이나 농어민형에 해당하지 않는 사람들, 그러니까 나머지 19세 이상 국내 거주자는 일반형에 가입할 수 있습니다.

ISA 계좌는 언제 가입할 수 있을까요?

19세 이상 국내 거주자라면 아무 때나 ISA 계좌를 만들 수 있습니다. 개인적인 경험으로는 5월 5일 공휴일에도 모바일 앱으로 일반형 ISA 계좌가 개설되더라고요. 증권사마다 차이가 있을 수는 있습니다. ISA 계좌 개설을 위한 준비물은 신분증만 있으면 됩니다.

나이가 조금 어린 15~19세도 경제활동을 하는 친구들이라면 예외적으로 ISA 계좌에 가입할 수가 있습니다. 15~19세 친구들은 자신이 경제활동을 한다는 점을 증명해야 하기 때문에 직전년도 근로소득

증명서를 증빙 서류로 준비해야 합니다.

한편 내가 기존에 ISA 계좌에 가입했는데 만기가 되었다면, ISA 계좌를 해지하고 재가입하거나 만기를 연장할 수 있습니다. 만기 이후 해지 혹은 재가입은 3년 동안 얻은 손익통산 순수익이 200만 원을 넘은 경우 선택하는 것이 유리합니다. 물론 이런 경우에는 그간 모아온 주식이나 ETF를 매도하면 아깝게 느껴질 수 있지만 세금 비용을 생각해서, 해지하고 재가입하거나 IRP 같은 다음 단계로 넘어가는 경우가 많습니다.

만기 연장은 3년 동안 얻은 손익통산 순수익이 200만 원을 넘지 않은 경우에 선택하는 것이 유리합니다. 순수익 200만 원을 채울 때까지 수익을 더 내는 동안 세금을 아낄 수 있기 때문이죠. 만기 연장은 만기일 90일 전부터 만기일 전 영업일 까지만 가능합니다. 증권사들도 만기일 당일부터는 연장이 불가능하다고 안내하더라고요.

ISA 계좌를 만기 이전에 중도 해지하거나 인출하는 경우 어떤 불이익이 있죠?

ISA 계좌는 연금계좌(연금저축계좌·IRP 등)보다 관대해요. 연금계좌는 연금 개시 최소 연령 조건인 만 55세 이전에 계좌를 해지하는 경우 납입 기간 동안 받았던 '세액 공제' 혜택과 '과세 이연(자산을 팔 때까지 세금 물리는 것을 유예하는 제도)' 혜택을 모두 토해내야 합니다. 하지만 다행히도 ISA 계좌는 중도 해지하는 경우 페널티가 비교적 덜한 편이라고들 합니다. 그 이유는 ISA 계좌는 연금계좌처럼 만 55세까지 계좌를 유지해야 할 의무가 없기 때문입니다.

다만 ISA 계좌 역시 만기일 전에 중도 해지 하는 경우에는 그간 받은 혜택을 포기해야 합니다. 일단 중도 해지는 일부 금액만 해지 할 수 없고 전액 해지만 가능해요. 중도 해지하는 경우 기존 ISA 계좌로 받은 세제 혜택이 사라지고, 이미 받은 세제 혜택분이 추징될 수 있습니다. 다만 가입 자격 부적격자로 통보받은 경우를 포함해 특별 해지 사유는 제외됩니다. 추징이라는 단어가 무시무시해 보이지만 쉽게 표현하면 받은 혜택을 토해내야 한다는 의미에요. 의무 가입 기간을 채우지 않고 중도 해지하는 것은 본인의 자유인 만큼 감내해야 하는 부분이기는 합니다.

그런데 굳이 해지 않고 중도 인출을 선택할 수도 있습니다. 이런 경우에는 ISA 계좌 수익은 놔두고 원금만 인출할 수 있어요. 예를 들어 ISA 계좌에 납입 원금 2,000만 원과 운용 수익 200만 원을 합친 2,200만 원의 잔고만 남아있다면, 중도 인출 시 2,000만 원까지만 뺄 수 있습니다. 수익까지 전부 빼려면 계좌를 해지해야 하고요.

중도 해지나 인출에 관한 부분은 계속 제도가 바뀌고 있으니 가입 전에 한 번 더 확인해봐야 해요. ISA 제도 자체가 역사가 깊지 않지만 정부가 사적 연금 키우기 방안으로 끊임없이 개선 방안을 내고 있어서 그렇습니다.

ISA 계좌는 어디에서 가입할 수 있을까요?

ISA 계좌는 국내 금융기관에서 가입할 수 있어요. 더 자세히는 시중 주요 은행이나 증권사 그리고 일부 보험사에서 ISA 계좌를 만들고 상품에 가입할 수 있습니다. 어떤 계좌를 선택하느냐에 따라서 조금 차이가 있어요. ISA는 크게 '중개형', '일임형', '신탁형' 세 가지 중 하나를 선택할 수가 있는데요. 본인이 주도적으로 투자하고 싶은 경우 가장 많이들 선택하는 것은 중개형입니다.

다만 누군가에게 투자를 맡기고 싶다면 일임형이나 신탁형을 고를 수도 있습니다. 일임형과 신탁형은 모바일 앱으로 비대면 계좌 개설이 가능한지 여부가 금융사별로 조금씩 차이가 있으니 개인적으로 해당 금융사 홈페이지 등을 통해 확인하면 됩니다.

일례로 2024년 5월 기준 하나은행에서는 모바일 뱅킹(하나원큐)으로도 신탁형 ISA에 가입할 수 있는데요. 중개형 ISA 계좌가 출시된 후로는 사람들이 대부분 중개형 계좌를 선택합니다. 자기 주도적으로 투자하고 싶은 사람들이 많기 때문이겠죠. 이 경우 가장 쉽고 편하고 무난한 방법은 증권사 모바일 앱으로 가입하는 겁니다.

ISA 계좌로 무엇에 투자할 수 있을까요?

ISA는 '개인종합자산관리계좌'라는 이름에서 알 수 있듯이 한국 주식이나 채권, 한국 증권사들이 만든 미국 투자 ETF, 환매조건부채권(RP), 예금 등 다양한 상품에 투자할 수 있는 계좌입니다.

자기주도적인 투자자라면? 중개형 ISA 선택!

앞에서 언급했듯이 ISA 계좌는 중개형, 일임형, 신탁형 크게 세 가지 중 하나를 선택할 수가 있어요. 단어가 전혀 와닿지 않는 느낌이죠. 결론적으로 말해서 중개형을 선택하면 됩니다. 개인 투자자들 상당수가 주식이든 ETF든 스스로의 포트폴리오 매니저가 되어서 적극적으로 매매하는 것을 선호하기 때문인데요.

그래도 사람들마다 투자 성향이나 선호도가 다르기 때문에 ISA 계좌 중에서 무엇을 선택해서 어디에 투자할 수 있는지 살펴볼게요.

❶ 중개형은 개인 투자자인 우리가 직접 포트폴리오 매니저처럼 알아서 투자하는 방식입니다. 가장 많이들 고르기도 하고 특히 젊은 층이 선호하는 편입니다.

❷ 일임형은 금융사가 가입자의 위험 성향에 적합해보이는 포트폴리오 선택해 투자하는 방식입니다. 우리가 ISA 계좌를 열어서 일임형으로 선택하기만 하면 그 이후부터 투자는 금융사가 알아서 해주는 식입니다.

예를 들어 '초고위험' 유형으로 분류된 가입자에 대해서는 금융사가 위험자산인 주식 비중이 높은 포트폴리오를 선택해줍니다. 반대로 투자 성향이 '초저위험'으로 분류된 가입자에 대해서는 금융사가 원금 보장 가능성이 높은 포트폴리오를 선택해주는데요. 아무래도 주식

보다는 채권형 펀드 비중이 높은 포트폴리오가 되겠죠.

❸ 신탁형은 중개형과 일임형의 '중간 맛'이라고 보면 됩니다. 가입자가 계좌에 담을 금융상품을 직접 선택하고 투자 규모를 결정하는 건데요. 예를 들어 우리가 주식형 펀드 40%, 채권형 펀드 20%, 은행 정기예금 40% 등으로 포트폴리오 비중 구성을 해두면 금융사가 우리가 구성한 포트폴리오에 맞춰서 상품을 편입시키거나 교체합니다.

신탁형은 중개형과 별 차이가 없어 보이지만, 우리가 직접 사고파는 것이 아니라 금융사가 대행해준다는 측면이 다르고요. 무엇보다 신탁형 계좌로는 예금을 할 수 있는 반면 중개형은 예금은 선택할 수 없습니다.

그런데 예금은 시중 은행을 통해서 들 수 있습니다. 이자율도 선택할 수가 있고 저율 과세해주는 예금이 있거든요. 굳이 ISA 계좌로 예금을 담을 필요가 있는지는 각자 판단해봐야 할 것 같습니다.

물론 중개형 ISA계좌도 나름의 한계가 있습니다. 미국 주식을 직접 매매할 수 없어요. 대신 한국 자산운용사들이 출시한 미국 주식형 ETF는 직접 매매할 수 있습니다.

예를 들면, 중개형 ISA 계좌로는 미국 증시에서 거래되는 고배당 ETF인 '슈왑 US 디비던드 에쿼티(SCHD)'나 'JP모건 나스닥 에쿼티 프리미엄 인컴 ETF(JEPQ)'는 매수할 수가 없어요. 대신 한국형 SCHD 라고 하는 'SOL 미국배당다우존스 ETF' 라든지 한국판 JEPQ 라고 하는 'TIGER 미국테크 TOP 10+10% 프리미엄 ETF' 에 투자할 수 있습니다.

중개형 ISA 계좌 만든 후에는 무슨 종목에 투자할까요?

중개형 ISA 계좌를 선택했다면 '무엇을 사야 하느냐'가 중요해집니다. 위임·신탁형은 일단 금융사 안내를 받은 후에 그걸 감안해서 투자하면 되는 반면 중개형은 계좌를 연 날부터 내가 스스로의 포트폴리오 매니저로서 모든 걸 직접 결정해야 하니까요.

중개형 ISA 계좌로 무슨 종목을 사면 좋을까요? 매매차익과 배당수익 중 어느 쪽에 더 비중을 둘 것이냐에 대한 선호도 차이에 따라 종목 선택도 달라질 수밖에 없겠죠? 사실 이 부분은 누가 대신 선택해줄 수 없어요. 다만 보통 ISA 중개형 계좌로는 우리나라 증시에서 거래되는 미국 배당주 투자 ETF에 투자하는 경우가 많습니다.

이와 관련해서는 특정 상품을 굳이 언급할 필요성이 크지 않습니다. 2023년을 전후해서 미국 주식 투자 ETF들이 쏟아져 나오고 있고, 무엇보다 출시하는 회사(자산운용사)만 다를 뿐 ETF의 수익률이라든지 알맹이 자체가 서로 비슷하기 때문에 기사, 블로그, 유튜브 등을 통해서 접하는 것이 훨씬 유리합니다.

개인적으로 유튜브보다는 글자로 된 증권사 상품 설명이나 기사, 블로그를 추천하는데요. 우리가 힘들게 번 소중한 돈을 투자할 종목을 고르는 것인 만큼 되짚어보고 비교하고 따지기에는 흘러가는 영상보다는 글이 더 기억에 남기 때문입니다.

ISA 계좌로 투자는 어떻게 할까요?

ISA 계좌로 투자하는 방법은 일반 증권 계좌와 다를 게 없습니다. 그런데 투자를 '앞으로는 어떻게 해야 할까?'가 튀어나오는 시점이 아무래도 의무 가입 기간 만기 3년이 다가오는 때인 것 같아요. 2024년에 유독 ISA 계좌와 계좌 갈아타기 콘텐츠가 많아진 이유이기도 합니다. 중개형 ISA 계좌가 2021년에 본격 시행됐기 때문이에요.

ISA 계좌 만기가 다가오는 시점에서 어떻게 해야 할지 고민되어 인터넷으로 재테크 인플루언서들 콘텐츠를 찾아보면 오히려 헷갈리지 않으신가요? 누군가는 만기를 연장하라고 하고, 다른 누군가는 해지해서 재가입하라고 하고, 또 다른 누군가는 해지한 후에 연금계좌로 옮기라고 하니까요.

만약에 내가 3년 동안 ISA 계좌로 얻은 순이익이 200만 원(서민·농어민 형은 400만 원)을 초과할 것 같다면 해지한 후에 ISA 계좌에 재가입하거나 연금계좌로 갈아타는 게 유리합니다.

그런데 순이익이 200만 원이 넘지 않거나 오히려 순손실을 보고 있다면 만기를 연장하는 게 유리합니다. ISA 계좌 의무 가입 기간인 3년 동안 손해만 봤다 싶으면 연장을 해서 남는 기간에 순이익을 내서 비과세 혜택 챙기고 나와야죠!

만기가 다가오면 크게 두 가지 선택지가 우선 떠오릅니다. 첫 번째로 ISA 계좌에 재가입해서 비과세 한도를 3년마다 갱신하며 챙기는 효과를 내는 겁니다. 애초에 가입 기간을 더 길게 잡을 수도 있겠지만, 우리 인생에 목돈 들어갈 변수가 생길 수 있으니 일단은 의무 가입 기간인 3년짜리로 선택한 후 만기 채우고 또 가입하면 딱히 아쉬울 부분이 없습니다.

두 번째로 ISA 계좌에 둔 돈을 연금계좌로 이전하는 방법이 있습니다. ISA 계좌 만기 자금을 60일 이내에 연금계좌로 자금을 옮기면 세액 공제 한도를 최대 300만 원(원칙은 옮겨 오는 자금의 10%이나 한도가 300만 원) 추가로 늘려주기 때문입니다. 일례로 연금저축계좌는 연간 최대 600만 원에 대해서 소득 수준에 따라 13.2% 또는 16.5%만큼 세액을 공제해서 연말정산 때 돌려줍니다.

ISA 계좌에서 돈을 옮겨오면 연금저축계좌의 기본 공제 대상(최대 600만 원)을 최대 300만 원 더 늘려주거든요. 소득에 따라 다르기는 하지만 ISA에서 자금을 옮겨오면 300만 원에 대한 세액 공제 혜택 39만 6,000원(=300만 원의 13.2%) 혹은 49만 5,000원(=300만 원의 16.5%)을 추가로 연말정산으로 돌려받게 됩니다. 돈을 옮기기만 했는데 이 정도 금액을 절약하게 되는 셈입니다.

ISA 만기 시 연금저축계좌로 갈아타는 경우 세액 공제 혜택

- **연금저축계좌 공제율이 13.2% 인 경우**: 118만 8,000원 = 79만 2,000원(=기본 공제 대상 600만 원의 13.2%)+39만 6,000원(=추가 공제 대상 300만 원의 13.2%)
- **연금저축계좌 공제율이 16.5% 인 경우**: 148만 5,000원 = 99만 원(=기본 공제 대상 600만 원의 16.5%)+ 49만 5,000원(=추가 공제 대상 300만 원의 16.5%)

그런데 "ISA 계좌 자금을 꼭 연금저축계좌로 옮겨야 할까?" 하는 질문이 생깁니다. IRP도 있는데 말입니다. 하지만 아직 나이가 젊다면 IRP는 굳이 추천하지는 않습니다. IRP는 55세까지 돈이 묶이기 때문입니다. 연금저축도 IRP와 마찬가지로 55세 이후부터 해당 계좌에서 연금을 빼내어 쓸 수 있게 된다(=연금 개시)는 점은 같습니다.

다만 연금저축계좌는 55세가 되기 전에 중간에 사정상 돈이 필요한 경우 굳이 계좌 해지를 하지 않아도 IRP 계좌에 비해 상대적으로 유연하게 중도에 인출할 수가 있어요. 물론 중도 인출 시에 그간 받은 세제 혜택을 토해내야 하는 건 어쩔 수 없습니다. 우리가 살아가는 동안 투자 전략이 바뀌어서 돈이 더 필요하거나 부동산 투자를 한다거나 이사를 가는 등 변수가 많기 때문에 이왕이면 조금 더 유연한 쪽을 선택하는 게 유리합니다.

'그들만의 리그' 미국 공모주 투자 어떨까요?

"너는 공모주 안 해? 계좌 만들기가 귀찮아서 그렇지 하면 최소 치킨 값은 번대. 요즘 치킨 3만 원 넘잖아."

여러분은 공모주 투자에 관심이 있으신가요? 신문 기사나 재테크 유튜브를 보면 공모주 청약이나 상장 당일 주가 폭등에 관한 이야기가 많이 나오는 것 같습니다. 이전에도 공모주 청약 열풍이 불기는 했겠지만 가장 최근 기억을 더듬어 보면 2020년 카카오게임즈와 SK바이오팜, 2021년 SK바이오사이언스, 2023년 파두, 두산 로보틱스, LS 머트리얼즈, 에코프로머티리얼즈 같은 종목들이 떠오릅니다.

한국 주식만 상·하한가 제한이 있나요?

우리나라 증시는 보기 드물게 상·하한가 제한이 있기 때문에 큰 수익을 내려면 공모주 투자에 눈길이 갈 수밖에 없는 구조입니다. 공모주 같은 경우는 우리가 흔히 들어본 '따상(상장 당일 주가가 공모가 대비 두 배 상승)'이나 '따따상(네 배 상승)'을 노려볼 수 있기 때문입니다.

우리나라에서 공모주 청약 열풍이 불다 보니 미국 공모주 투자에도 관심을 가지는 분들이 늘어나더라고요. 우리나라 주식시장은 크게 세 가지(코스피시장·코스닥시장·코넥스시장)가 있습니다. 개인 투자자들은 신생 중소기업 위주의 주식시장인 코넥스보다는 아무래도 코스피(유가증권시장)과 코스닥을 주로 이용하는데, 두 시장에 상장된 종목은 주가가 전날 종가 대비 30%까지만 상승과 하락이 가능합니다.

그래서 전날 종가 대비 30% 오른 것을 상한가, 반대로 30% 떨어진 것을 하한가라고 부르는데요. 상·하한가가 없는 미국 주식에 비하면 우리나라 주식 움직임은 다소 답답하게 느껴질 수 있습니다.

우리나라 금융 당국은 상·하한가 제한을 두는 것에 대해 주가 급등락하는 경우 투자자들이 피해를 입을 수 있으니 이런 위험을 미리 방지하는 한편 공정거래 질서를 확립하려는 취지라는 입장입니다. 한국 증시 상·하한가 기준은 지난 1995년 ±6% 이던 것이 1996년 ±8%, 1998년 3월 ±12%, 1998년 12월 ±15%였다가 2015년 6월에 ±30%까지 확대되기는 했습니다.

'상·하한가' 제도는 우리나라와 일본, 중국, 대만 증시에 있습니다.

구체적인 기준은 조금 다릅니다. 우리나라(±30%)와 중국 본토(±10%), 대만(±7%) 증시는 비율을 제한 기준으로 두고 있는 반면 일본은 특정 금액을 제한 기준으로 두고 있는데요. 일례로 주가가 1만 엔 이상 1만 5,000엔 미만인 주식은 일정 금액(±3,000엔) 이상 주가가 오르내릴 수 없게 주가 변동 폭을 제한하는 식입니다.

한국 공모주와 미국 공모주의 차이

미국은 공모주 투자 방식이 우리나라와 매우 다릅니다. 미국은 개인 투자자들이 공모주 청약을 사실상 할 수 없는 구조입니다. '미국판 DC 갤러리' 레딧(RDDT)이 이례적으로 개인 배정 물량을 8%로 잡아서 눈길을 끌었을 정도로 미국에서는 개인 투자자가 공모주 청약에 나설 수 있는 기회가 거의 없습니다. 쉽게 말해 미국 증시는 기관 투자자들 위주이고 이들이 고액 자산가 고객 일부에게 공모주 물량을 나눠주는 정도입니다.

미국 증시에서 기업이 상장한다고 할 때, 개인 투자자 입장에는 기업이 상장한 후에 주식을 매매할 수 있습니다. 그래서 공모주 투자라는 말보다는 상장주 투자라는 말을 써야 할 것 같네요.

미국 주식 이야기를 하는 자리이니 미국의 경우 위주로 훑어볼게요. 우리나라 같은 경우는 금융투자협회 규정에 따라 주관사가 개인 투자자에게 공모주 물량의 25%를 배정해야 해서 청약을 받는 반면 미국뿐 아니라 다른 나라도 공모주를 배정받는 개인투자자 비중은 10%를 밑돕니다. 대부분 기관·전문 투자자 위주입니다.

'주관사'란 어떤 일을 책임지고 맡아서 처리하는 회사를 부르는 말이죠. 증시에서 주관사는 증권(주식이나 채권)을 발행하는 기업으로부터 증권 발행과 판매 과정을 대신 맡아서 해주는 금융투자회사입니다. 미국 증시에서는 주관사가 일반 개인 투자자에게 공모주 물량을 일정 부분 배정해야 한다는 의무가 없고요. 드물게 기관 투자자들이 공모주 물량을 배정받은 후에 일부를 VIP 고객인 거액 자산가에게 배정하는 정도입니다.

우리나라 같은 경우는 미래에셋증권·한국투자증권·삼성증권·NH투자증권·KB증권 같은 대형 증권사들이 주관사로 나서고 미국은 JP모건이나 골드만삭스, 모건스탠리 같은 대형 투자은행(IB)들이 주로 주관사로 나섭니다.

레딧 같은 경우 우리나라에서 청약을 받았죠. 당시 NH투자증권과 유안타증권을 통해서 신청을 받기는 했지만 이 때 두 증권사는 단순히 청약 대행 업무를 했을 뿐 주관사는 아니었습니다. 레딧의 주관사는 JP모건과 골드만삭스, 모건스탠리, 뱅크오브아메리카 등이 공동으로 맡았습니다. 그나마 레딧은 8% 정도를 배정하기는 했지만 이마저도 상당한 비중을 배정한 사례입니다. 게다가 임·직원 가족 등 관계자 물량을 제외하면 실질적으로는 8% 를 밑돌았던 셈입니다.

한국과 미국은 공모주 청약 방식에도 차이가 있습니다. 미국 공모주 배정은 주관사 등의 내부 기준에 따라 결정되기 때문에 개인 투자자 입장에서는 배정 방식을 알기 어렵고요. 또 공모주의 청약 경쟁률도 공개되지 않습니다. 레딧 청약 때 '배정 물량의 4~5배 초과 청약이 몰렸다'는 정도로만 뉴스가 나왔던 이유입니다.

우리나라는 주관사인 증권사가 개인 투자자들 몫으로 배정된 공모주 물량을 균등 배정과 비례 배정으로 따로 나눠서 각각 청약 경쟁률에 따라 배정하죠. 기관 투자자들의 수요 예측 과정에서 나온 경쟁률도 공개하고 일반 개인 투자자들의 청약 결과 나온 경쟁률도 공개합니다.

청약 증거금과 수수료 측면에서도 미국과 우리나라는 다른데요. 다만 우리나라의 소액 개인 투자자들이 미국 공모주 청약에 나설 통로가 실질적으로는 막혀있기 때문에 이 부분은 생략하도록 하겠습니다.

결과적으로 미국 증시에서 개인 투자자들이 상장 기업에 투자하고 싶다면, 기업이 공모를 마치고 상장한 후에 가능합니다. 다만 상장 당일에는 구체적으로 몇 시부터 일반 거래가 시작되는지조차 공개되지 않습니다. 경험해본 바에 따르면 통상 우리 시간으로 자정부터 다음 날 새벽 1시 즈음에 일반 개인 투자자들도 상장 당일 거래를 할 수 있었는데요. 이때는 거래가 활발하고 주가 변동성도 매우 크기 때문에 매매 타이밍을 결정하기 쉽지 않습니다.

상장 당일 이후에 투자하더라도 개인 투자자 입장에서는 주요 투자자들의 락업Lock-up 해제에 따라 주가 변동성이 커지는 시기에 손실을 입을 가능성이 있습니다. 이 부분은 우리나라와 비슷하죠.

'락업'이란 기업이 상장하거나 새 주식을 추가 발행할 때 대주주나 일정 지분 이상을 보유한 주요 주주들이 일정 기간 주식을 매도하지 못하도록 제한하는 것을 말합니다. 미국은 락업 기간이 일반적으로 상장일로부터 90~180일 후이고 중국은 6개월~3년입니다. 나라마다 다르죠. 주요 주주들이 한꺼번에 매도 물량을 내는 것을 막기 위해 해당 기간 내 1, 2차로 나누어 제한을 푸는 경우도 많습니다. 우리나라로 치면 '보호예수'라고 할 수 있는데요. 소액 개인 투자자 등 일반 투자자들을 보호하기 위한 제도입니다.

공모주는 언제나 흥할까요? 실패 사례

조금 솔직히 말하자면, 미국 상장주 투자를 해본 결과 개인 투자자 입장에서는 그냥 하지 않는 게 낫다는 판단이 들었습니다. 소액 개인 투자자 입장에서 미국 상장주 투자를 조심해야 하는 이유를 딱 두 가지로만 추려 볼게요.

우선 상장 과정에서 기업이 희망한 공모가보다 실제 공모가가 낮거나 상장 당일 종가가 공모가보다 별로 높지 않은 경우가 있습니다. '별로 높지 않다'는 것이 주관적이기는 하지만 일단 공모가 책정 단계에서부터 분위기가 어땠는지 같이 생각해보면 됩니다.

다음으로는 상장 당시에는 폭발적인 인기를 누렸더라도, 그러니까 우리나라 식으로 치면 '따상' 혹은 '따상급'으로 상장 당일 주가 폭등했다 하더라도 현재 시점에선 주가가 폭락한 상태라면 투자하기 좋은 대상이라고 보기 어렵겠죠.

예를 들어볼게요. 물론 우리에게도 잘 알려진 혹은 당시 미국 증시를 떠들썩하게 한 기업들 사례입니다. 지난 2021년 이전 미국 증시에서 기업들 상장 열기가 어마어마했습니다. 당시 유명했던 종목들로만 이야기해보겠습니다.

2020년 6월 나스닥증권거래소에서 상장한 '온라인 중고차 거래 중개업체' 브이룸(VRM)은 첫 거래 당일 시초가가 공모가인 22달러보다 약 83% 높은 40.25달러였고 이날 종가는 공모가보다 120%가량 높은 47.90달러였습니다. 게다가 마이크로소프트 창업자인 빌 게이츠가 투자한 기업이라는 점에서 더욱 인기를 끌었죠. 투자 수요가 워낙 높았던 탓에 최종 공모가는 기업이 희망한 범위(18~20달러)보다 더 높은 22달러로 결정되기도 했습니다.

같은 해 9월 뉴욕증권거래소에서 상장한 클라우드업체 스노우플레이크(SNOW)는 첫 거래날 시초가가 공모가(120달러)보다 100% 이상 높은 245달러였고 이날 종가는 공모가보다 110%가량 높은 253.93달러였습니다.

게다가 '오마하의 현인' 워런 버핏 버크셔해서웨이 회장이 1956년 포드 이후 64년 만에 처음으로 공모에 나선 종목이라는 사실이 알려지면서 투자 인기는 브이룸보다 더 했습니다. 투자 수요가 얼마나 뜨거웠냐하면, 스노우플레이크가 처음에 희망했던 1차 공모가 범위(75~85달러)를 높여서 2차 희망범위(100~110달러)를 제시했는데 최종 공모가가 여기에서 더 오른 120달러로 결정될 정도였습니다.

반면 상장 단계에서부터 실망스러웠던 기업이 있습니다. 유명한 도너츠 회사죠, 크리스피크림(DNUT)이 주인공인데요. 미국 증시가 한창 상승장을 달리고 기업들 상장 열기가 뜨겁던 2021년에 크리스피크림도 상장을 했지만 투자 수요가 영 시원치 않았습니다. 최종 공모가가 회사 희망범위(21~24달러)보다 더 낮은 17달러로 결정됐죠. 2021년 7월 1일 크리스피크림이 첫 거래를 시작한 날, 시초가는 16.30달러로 공모가보다 오히려 4%가량 낮았고 이날 종가는 그래도 공모가보다 20% 이상 높은 21달러였습니다.

결과적으로 상장 단계에서는 폭발적인 인기를 누렸지만 브이룸과 스노우플레이크는 실망만을 안겼죠. 2024년 4월 기준 브이룸 주가는 상장 당시 대비 99% 넘게 떨어졌습니다(4월 12일 종가 11.84달러). 불과 3년이 안 된 시점입니다. 그리고 스노우플레이크 주가는 상장 당시 대비 33% 이상 떨어졌습니다(158.56달러). 역시나 3년이 안 됐고요.

빌 게이츠와 워런 버핏이 투자한 기업이고, 기술주인데 주가 하락폭이 너무하다는 생각이 들 법합니다. 고백하자면 저도 브이룸 상장날에 투자를 했고, 스노우플레이크도 투자해봤기에 기억에 남아요.

혹시 업종을 불문하고 상장주 자체에 투자하고 싶으신 분들이 계신가요? 상장한 지 얼마 안 되는 기업들에 투자하는 '르네상스 IPO ETF(IPO)'를 매수하는 것도 방법입니다. 다만 업종을 불문하고 굳이 상장주에만 특별히 투자할 만큼 그 실익이 크지는 않습니다. 개인적인 투자 전략을 감안해 매매 여부를 결정하면 좋을 것 같아요.

기분이 매매가 되지 않는 마음 관리법 찾기

혹시 2020년 5월 1일, 미국 증시에서 있었던 '테슬라 패닉 셀' 사건 기억하는 분들 계신가요? 그 패닉 셀을 했던 수많은 개인 투자자 중 한 명이 바로 저였습니다. 당시 일론 머스크 최고경영자가 "내 생각에 테슬라 주가가 너무 높다"고 트위터(현재는 'X')에 짧은 문장 하나를 올리면서 하루 만에 기업 시가총액 140억 달러가 쪼그라든 것이죠.

당시에 저는 미국 주식 투자 2년차인 초보였습니다. 기업 경영자가 "우리 회사 주가가 비싸다"는 식으로 말하는 것을 처음 봤어요. 그 때에도 테슬라 주가가 많이 오르기는 했지만 워낙 '거품 주식'이라는 지적이 빗발치던 때라 머스크 CEO의 트윗은 충격적이었습니다.

그날 밤, 가지고 있던 테슬라 주식을 일단 전부 팔았던 기억이 납니다. 테슬라 주식을 샀던 돈은 주택청약저축을 깬 자금이었기 때문에 눈물까지 날 뻔했던 것 같아요.

물론 그 돈 없이도 사는 게 전혀 문제되지는 않았습니다. 다만 주택청약저축이란 게, 한국 사회를 살아가는 청년들의 꿈을 상징하는 것 중 하나잖아요. 저는 평범하게 연애하고 결혼해서 아파트 청약에 당첨되는 그런 꿈을 꿀 일 없는 '궤도 이탈자'라고 생각해서 청약저축을 해지했고 그 돈으로 미국 주식을 시작했습니다. 저축을 해지한 돈은 금액은 적지만 저에게는 의미가 큰돈이었죠.

손 떨면서 일단 테슬라 주식을 다 팔았는데, 문득 정신이 차려지더라고요. 그 주식은 제가 이리저리 알아보고 고민 끝에 소중한 돈을 들여서 산 것이었습니다. 머스크 CEO의 발언은 충격적이지만 저는 그동안 일하면서 보고 들은 뉴스들을 다시 떠올려봤습니다. 그러고선 주섬주섬 주식을 다시 담기 시작했어요.

이후 테슬라 주식은 폭등에 폭등을 거듭했습니다. 주가가 너무 오르다 보니 2020년 8월 1대 5, 2022년 8월 1대 3 주식 분할을 하기에 이르렀고요. 지금은 중국산 저가 전기차 리스크가 커지면서 주가가 떨어졌다가 반등했다가 하지만, 2020년 5월에 비해 많이 오른 건 맞습니다. 그래서 종종 '그날 밤 팔지 않았으면 지금보다 수익률이 훨씬 높았겠지?' 싶기도 하고요. 또 한편으로는 '그래도 다음 날부터 다시 사서 다행이야'라는 생각이 듭니다.

이렇게 길게 저의 미국 주식 흑역사 이야기를 한 건, 주식 투자를 할 때는 '기분이 매매가 되지 않는 것'이 너무나 중요하다는 말을 하고 싶어서입니다. 아무리 미국 증시가 한국 증시와 달리 우상향한다고 한들, 미국 주식 투자를 하다 보면 새삼 마인드 컨트롤이 중요하다는 생각이 들게 됩니다. 저는 남들의 매매에 휩쓸리지 않는 편이라고 생각했는데, 꼭 주변이 아니더라도 일론 머스크의 트윗 사건 같은 일에는 흔들리게 되더라고요.

가끔은 내가 무엇을 원하는지도 모르겠고요. 또 어떤 경우에는 남들 하는 대로 따라하거나 남들 반응에 흔들리게 되는 경우가 많아요. 공포에 휩싸여 주식을 매도하는 패닉 셀이라는 말의 반대편에는 나만 상승랠리에서 뒤쳐질 수 없다는 고립공포감, 즉 포모FOMO, fearing of missing out 증후군이라는 말도 있습니다.

오죽하면 우스갯소리로 '뇌동매매'라는 말이 나왔을까요. 심지어 월가의 역사적인 인물 존 피어폰트 모건도 "이웃이 부자가 되는 모습을 보는 것만큼 판단력을 약화시키는 것은 없다"는 유명한 말을 남겼습니다.

한국 주식도 그렇지만 미국 주식에 투자할 때는 '기분이 매매가 되지 않도록' 하는 자기만의 방법을 만들어둬야 합니다. 투자할 때는 시장 트렌드나 업종 분석 같은 작업도 해야 하지만 실전에 뛰어든 후에는 손절과 익절의 한가운데 서게 될 때 마음을 다잡고 냉정하게 판단하는 일이 참 중요한 것 같아요. 최근에는 2024년 7월 말을 전후한 여름 들어 미국 증시와 한국, 일본 증시가 2020년 3월급 패닉에 빠지면서 우리의 마음을 힘들게 했죠. 2024년 여름은 코로나 19 대유행만한 큰 충격이 없었는데도 주가가 순식간에 급락하고 공포지수로 통하는 변동성지수(VIX)가 한 달 만에 100% 가까이 뛰면 '지금 손절해야 할까? 역시 주식은 아니야' 하는 불안에 빠지게 됩니다.

이 부분은 누군가 가르쳐줄 수도 없는, 철저히 자기만의 마음 관리법이 있어야 하는데요. 저 같은 경우에는 물고기를 키우고 돌보는 일이 도움이 되는 것 같습니다. 따뜻한 녹차를 한 잔 들고 메다카(일본 송사리)들이 헤엄치는 모습을 내려다보거나, 턱을 괴고 베타(투어로 유명한 동남아 열대어)들에게 먹이를 주다보면 갈피를 잡을 수 없었던 마음이 차분하게 가라앉는 것 같아요.

미국 증시 돌아가는 것도 사람 사는 이야기 중 하나라고 생각합니다. 인생이 새옹지마인 것처럼 주식시장도 상승과 하락을 반복하곤 합니다. 우리가 패닉 셀이나 포모를 하지 않아도 주식을 사고팔 좋은 기회는 언제나 다시 찾아옵니다. 이 글을 읽는 모두가 각자 마음의 평정심을 유지하는 방법을 찾았으면 좋겠습니다. 지속가능한 투자를 위하여!

참고 문헌

J.Bialkowski et al. 〈Stock market volatility around national elections〉 Journal of Banking & Finance Volume 32, Issue9, September 2008, Pages 1941-1953. https://www.sciencedirect.com/science/article/abs/pii/S0378426607004219

Manfred Gartner et al, 〈Is there an election cycle in American stock returns?〉. International Review of Economics & Finance. Volume 4, Issue 4, 1995, Pages 387-410.

경제는 모르지만 미국 주식은 하고 싶어

초판 1쇄 2024년 9월 20일

지은이 김인오
펴낸이 허연
편집장 유승현 **편집2팀장** 정혜재

책임편집 이예슬
마케팅 김성현 한동우 구민지
경영지원 김민화 오나리
디자인 김보현

펴낸곳 매경출판㈜
등록 2003년 4월 24일(No. 2-3759)
주소 (04557) 서울시 중구 충무로 2 (필동1가) 매일경제 별관 2층 매경출판㈜
홈페이지 www.mkpublish.com **스마트스토어** smartstore.naver.com/mkpublish
페이스북 @maekyungpublishing **인스타그램** @mkpublishing
전화 02)2000-2612(기획편집) 02)2000-2646(마케팅) 02)2000-2606(구입 문의)
팩스 02)2000-2609 **이메일** publish@mkpublish.co.kr
인쇄 · 제본 ㈜M-print 031)8071-0961
ISBN 979-11-6484-709-9(03320)